스페인 역사
초기에서 오늘날까지

HISTORIA DE ESPAÑA
DESDE SUS ORÍGENES HASTA NUESTROS DÍAS

권 미 란 저

부산외국어대학교 출판부

스페인 역사 (초기에서 오늘날까지)

HISTORIA DE ESPAÑA

– Desde sus orígenes hasta nuestros días –

2019년 1월 25일 초판 인쇄
2019년 1월 31일 초판 발행

저 자/ 권 미 란

발행인/ 정 기 영
발행처/ 부산외국어대학교 출판부
등 록/ 제 14-11-15호
주 소/ 46234 부산 금정구 금샘로485번길 65
전 화/ 051) 509-6466~7 팩스/ 051) 509-6468
인터넷/ http://press.bufs.ac.kr
편 집/ 주간 · 김동하, 디자인 · 서인홍
인쇄처/ 세종문화사 (051) 463-5898
공급처/ 한국출판협동조합 (02) 716-5616~9

ISBN 978-89-8312-4494 93920

정가 16,000원

이 도서의 국립중앙도서관 출판예정도서목록(CIP)은 서지정보유통지원시스템 홈페이지(http://seoji.nl.go.kr)와 국가자료공동목록시스템(http://www.nl.go.kr/kolisnet)에서 이용하실 수 있습니다.(CIP제어번호: CIP2019006894)

인사말

오늘날 외국어 습득은 단순히 어학 실력 향상에 국한된 것이 아니라 시대적 지식과 전문성이 필요하다. 또한 그들의 사고와 정체성을 이해하기 위해서는 필연적으로 그 지역권의 문화와 역사의 전반적인 이해 역시 요구된다. 세계적인 영국의 역사가 에드워드 카(Edward Carr)의 말을 빌리자면 "역사는 현재와 과거 사이의 끊임없는 대화"다. 우리의 현재와 미래는 과거와 단절하여 얻을 수 있는 것이 과히 많지 않을 것이다. 과거의 삶에서 지혜를 모으는 방법만이 인간이 역경을 딛고 일어설 수 있기에 지금 같은 글로벌 시대에는 역사와 문화를 알아야 진정한 소통을 이룰 수가 있다.

언제부터인가 본격적으로 스페인 역사와 문화라는 교과목을 맡은 이후로 전공자들의 역사에 대한 진정한 지식을 배양할 목적으로 시대별로 내용을 보완해 왔고, 이제야 개정판을 내게 되었다. 예전과 달리 이번에는 스페인 역사와 스페인 현대사라는 두 권의 내용을 한 권에 담아 역사적 개요를 설명하였다. 이베리아반도의 기원부터 시작하여 로마사, 서고트사, 알-안달루스사, 초기 기독교 왕국 시대, 레콩키스타, 가톨릭 왕들 시대, 합스부르고 왕가. 부르봉 왕가, 공화정 시대, 시민내란, 프랑코 시대, 끝으로 후안 카를로스 1세 시대까지, 오늘날에 이르기까지 중요한 사건들을 위주로 역사 흐름을 알 수 있도록 하였다. 원어로 내용을 이해하는데 다소 도움을 줄 의도로 페이지별로 단어 풀이를 달기도 했다. 그렇게 역사 내용을 파악하다 보면 서서히 서어 독해력도 향상되리라 본다.

필자의 바람대로 학습자들은 이 책의 내용을 토대로 정치, 사회, 경제, 문화, 예술 등의 분야에서 스페인의 역사적 성과와 지식을 습득하고 그들만이 지닌 특유한 민족성과 정체성을 이해하게 될 것이다. 또한 지역 전문가로서 겸비해야 할 국제적 역량을 갖게 되고 스페인어권과 수월하게 소통할 수 있을 것이다. 끝으로 또 다시 본서 출판의 기회를 제공해준 부산 외대 출판부 관계자들에게 감사드린다.

2019년 1월

남산동 연구실에서 권미란

INDICE

Capítulo I. desde los orígenes hasta los Habsburgo

Capítulo II. desde los Borbones hasta nuestros días

Capítulo I.

desde los orígenes hasta los Habsburgo

1. Los Orígenes prehistóricos de España

La Prehistoria, la etapa más larga y menos conocida en que los hombres de la Península Ibérica evolucionan muy lentamente de una economía y sociedad primitivas, cazadora-recolectora, a una economía y sociedad agrícola-ganadera.

En principio incluye la etapa de la historia en que no existen documentos escritos. Estos, en España, no aparecen hasta las noticias que nos han dejado los pueblos colonizadores, griegos, primero, y romanos, más tarde. Las lenguas que se esconden tras los alfabetos tartessio o ibero continúan siendo hoy por hoy, un enigma.[1]

1.1. El Paleolítico

El hombre aparece en la península ibérica desde hace medio millón de años. Supone una economía depredadora[2] basada en la caza, la pesca o la recolección. No existe, por tanto, ningún tipo de excedentes[3] que permita la división o especialización del trabajo. Los hombres, agrupados en pequeñas hordas[4], no superarían los 50 individuos. Dedican todo su tiempo y esfuerzo a la obtención de comida o a la fabricación de utencilios. Este período histórico se llama Paleolítico.

Quizá lo más interesante que ha llegado hasta nosostros del Paleolítico sería el llamado <arte rupestre>.[5] En las áreas más habitadas de la península, se encuentran las manifestaciones artísticas de este período. El arte prehistórico no es un arte puramente estético, sino que tiene una finalidad esencialmente práctica, una finalidad mágica. Además de representaciones animales, aparecen también escenas de caza. Así se aparece en el interior de cuevas principales como la

1) el enigma : 수수께끼
2) depredador(a) : 포식의, 약탈하는
3) el excedente : 잉여물
4) la horda : 무리, 떼
5) el arte rupestre : 동굴 예술

de Altamira, El Castillo, La Pasiega, El Pandal, Los Casares y La Pileta.

Ello nos hace pensar en una economía seminómada.[6] Esto permitía largas permanencias en una cueva, una cierta organización del trabajo y la práctica de unas funciones mágicas relacionadas con el arte rupestre.

<Pinturas rupestres>

Valdealgorfa. Aragón

Abrigo de Cogull. Lérida

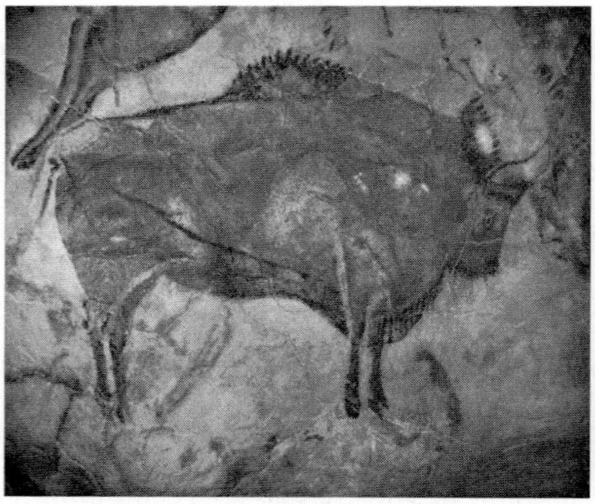

Un bisonte de la cueva de Altamira*

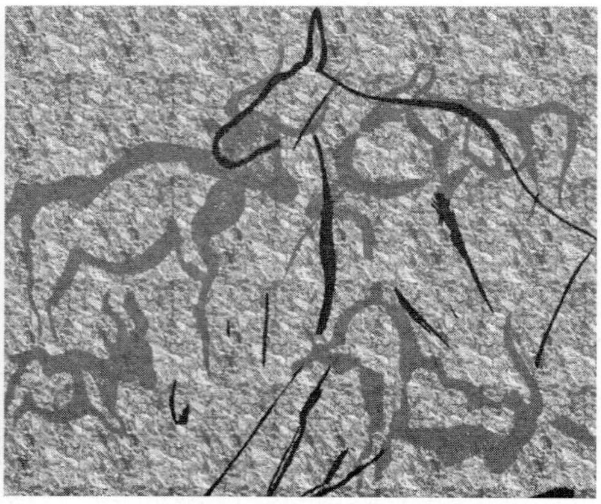

Cueva de la Pileta Benaoján. Málaga*

(*) 참고문헌의 인터넷 주소 참조함.
6) seminómado(a) : 반유목의, 반유랑의

1.2. El Neolítico

El hombre deja de ser cazador o recolector[7] para convertirse en agricultor y ganadero. Esta revolución neolítica representaba un cambio extraordinario en la vida del hombre por cuanto[8] le permitía producir bienes de consumo según sus necesidades. Con las nuevas técnicas el hombre podía reestructurar[9] el grupo social de otra manera.

Las nuevas técnicas permitían aprovechar unas tierras determinadas sin el nomadismo constante del cazador. El hombre se hace sedentario[10] y acaba agrupándose en comunidades, alrededor de poblados. La vida y el trabajo en comunidad permitieron un mayor desarrollo técnico con las herramientas[11] de trabajo, una inicial división del trabajo, la aparición y desarrollo del comercio y una confirmación de las prácticas religiosas como culto a los muertos.[12]

Por lo que se refiere a la Península un problema básico es el de los orígenes del Neolítico. Las pobres culturas paleolíticas eran incapaces de crear esta revolución neolítica. Esto se ha impuesto la teoría de su llegada con pueblos emigrantes de Oriente a través del Mediterráneo o de la costa norteafricana. Sería la primera migración colonizadora que iremos viendo sucederse hasta la romanización.

1.3. Los Metales

Sobre estos pueblos neolíticos debieron asentarse pequeños grupos de nuevos emigrantes. Eran buscadores del cobre y del estaño[13], relacionados también con las costas del Mediterráneo oriental. En la Península, a partir de la zona minera de

---

7) recolector : 채집자, 수집인
8) por cuanto : ~하기 때문에, 그러므로
9) reestructurar: 재구성하다
10) sedentario(a) : 정착하는
11) la herramienta : 도구, 연장
12) el culto a los muertos : 죽은 자를 숭배함
13) el estaño : 주석

Almería y Cartagena, se extendieron hacia las zonas mineras de Huelva y sur de Portugal. Luego hacia las costas gallegas y el occidente atlántico en busca del estaño. El yacimiento mejor conocido es el de Los Millares (Almería). Aparecieron en sus excavaciones objetos de cobre, hachas planas con el filo en semicírculo, puñales con hoja[14] corta, y vasos campaniformes.[15] Los enterramientos se hacían en sepulcros[16] colectivos y cámaras sepulcrales en los alrededores del poblado.

También estos grupos neolíticos debieron aumentar su relación con la ruta de los metales. Por esta ruta llegaron las técnicas del bronce a la Península. Con la cultura del Argar se introducen el verdadero bronce, cerámicas más finas, mayor variedad de instrumentos y enterramientos individuales. Su cultura representa la aparición de la división del trabajo, de las clases sociales y de un poder centralizado en reyes o jefes militares.

Durante el penúltimo milenio a.C., se acentúan las diferencias culturales entre las regiones peninsulares. Mientras los territorrios orientales y meridionales reciben las influencias civilizadoras del mundo mediterráneo, la fachada[17] atlántica vive en estrecho contacto con las islas y territorios litorales de la Europa occidental. Este período representa tres fenómenos importantes: la introducción del uso del hierro, la inclusión de la Península en los circuitos comerciales del Mediterráneo y el inicio de la Historia con las primeras noticias escritas sobre las tierras y los pueblos hispanos.

1.4. Los Pueblos colonizadores históricos

Cronológicamente aparecieron en las costas mediterráneas los fenicios, los griegos y los cartagineses. Estos pueblos introdujeron entre los indígenas nuevos cultivos, el uso del hierro, el aprovechamiento de salinas, el turno del alfarero[18], el uso de formas

14) la hoja : 날, 칼
15) campaniforme : 종 모양의
16) el sepulcro : 무덤
17) la fachada : 정문, 입구

monetarias, tipos de escritura y formas culturales. Por ello los pueblos indígenas de la costa evolucionan más rápidamente hacia formas económico-culturales más avanzadas que los pueblos del interior.

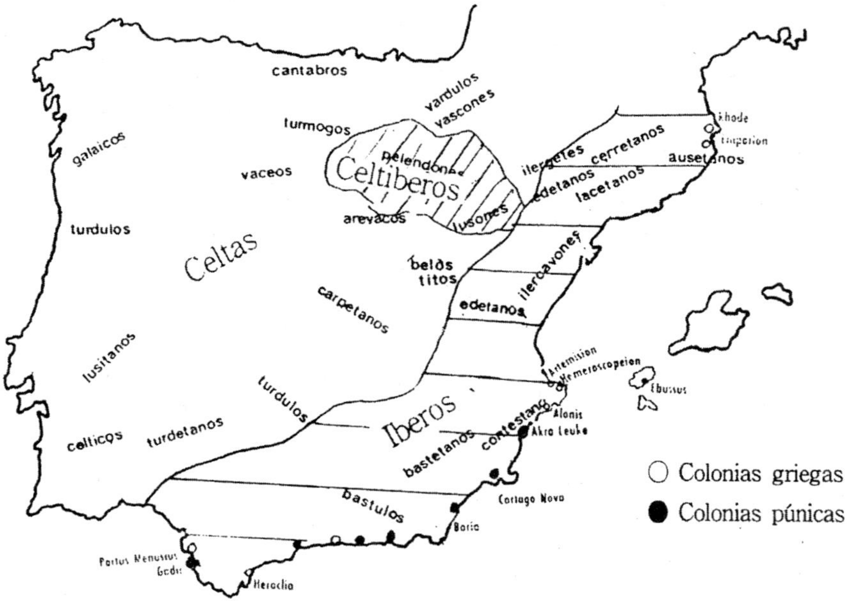

Pueblos prerromanos de la Península ibérica

Pero, dentro de los circuitos comerciales mediterráneos, los pueblos hispanos sólo aparecen como exportadores de materias primas e importadores de productos manufacturados[19], preferentemente de lujo, como joyas, telas, armas y etc. Fueron desde el punto de vista económico, pueblos coloniales.

18) el alfarero : 도자기공
19) el produto manufacturado : 제조품

1.4.1. La Colonización fenicia

Los fenicios mediatizaban[20] el comercio de lujo en el mundo mediterráneo, mediante una serie de colonias en Sicilia, Cerdeña, Córcega, Cádiz y Lixus. Pretendía monopolizar[21] uno de los puntos estratégicos de la ruta de los metales. Los marinos y comerciantes tirios[22] llegaron a las costas del sur en el siglo XII a.C.. Fundaron la base comercial de Gadir(Cádiz). Luego esta ciudad alcanzó gran prosperidad. Y sirvió de base a los fenicios para sus expediciones comerciales a las Islas Británicas. Tuvieron las estrechas relaciones comerciales con los tartessios.

En época posterior fundaron otra serie de colonias comerciales, como Malaca (Málaga), Sexi(Almuñecar), Abdera(Adra). Desde allí los fenicios influyeron sobre las poblaciones indígenas de Andalucía. Luego, cuando Tiro fue conquistada por el rey asirio[23](688 a.C.), las colonias fenicias dependieron de Cartago. Con éste la colonización fenicia alcanzó un nuevo impulso. La colonización púnica, es decir, fenicia y cartaginesa, políticamente penetró muy poco en el interior. Pero tuvo una extraordinaria importancia cultural a través de las relaciones comerciales.

1.4.2. La Colonización griega

Las ciudades griegas habían comenzado desde el siglo VIII a.C. a establecer colonias en todo el Mediterráneo, siguiendo la prehistórica ruta de las islas(Sicilia, Cerdeña, Baleares). El enfrentamiento entre cartagineses y griegos(combate de Alalia, 535 a.C.) dio el dominio del estrecho de Gibraltar y de la ruta de los metales a los primeros. Los cartagineses cerraron el paso hacia el sur a los griegos desde su base militar de Ibiza. La segunda colonización griega se vió reducida[24] ya al nordeste de la Península.

Las factorias del Levante, bajo la dirección de Massalia(Marsella), tuvieron una larga vida. Sin embargo, la penetración de los griegos en la Península Ibérica fue muy

---

20) mediatizar : 조정하다, 조절하다.
21) monopolizar : 독점하다.
22) tirio(a) : 고대 페니키아(Tiro)의
23) asirio(a) : 고대 아시아(Asiria)의
24) verse reducido(a) a : ~로 축소되다

escasa. Sus colonias fueron bases comerciales sin pretensiones de expansión territorial. Así, llegaron a los pueblos hispánicos importantes factores culturales procedentes de Grecia. Desde el punto de vista político la amistad entre Marsella y Roma llevó a que los romanos encontrasen un sólido apoyo en las colonias griegas.

1.4.3. La Colonización cartaginesa

La colonización cartaginesa tiene dos formas : comercial, como continuadora de la fenicia, y militar, que coincide con el desarrollo de las luchas contra Roma (Guerras Púnicas).[25] El partido militarista, de la familia de los Barca, decidió ocupar la Península en busca de numerario[26](plata) para pagar a sus ejércitos. También buscaba los mercenarios[27] para sus ejércitos y las bases para acciones futuras.

La aportación propiamente cartaginesa a España fue escasa. Cartago tenía una cultura básicamente fenicia con abundantes elementos helenísticos y algunos africanos. Todos ellos habían llegado ya a la Península Ibérica. Los cartagineses, con su dominio político y sus relaciones comerciales, sirvieron de vehículo de esos elementos culturales.

1.5. Los Pueblos indígenas

Los historiadores griegos y romanos nos han proporcionado nombres de tribus y algunos datos de los pueblos indígenas. En contacto con los pueblos colonizadores, los indígenas desarrollaron una cultura avanzada y homogénea[28] llamada ibérica.

1.5.1. Tartessos

La primera noticia es realmente sensacional porque plantea la existencia de una ciudad o estado muy desarrollado, Tartessos. Los historiadores antiguos hablan de

25) La Guerra Púnica : 카르타고전
26) el numerario : 현금
27) el mercenario : 용병
28) homogéneo(a) : 동질의, 동일한

esta ciudad. Era la capital de un importante reino situado en el suroeste de España.

Los tartessios llegaron a un alto grado de civilización.[29] Desarrollaron avanzadas técnicas agrícolas con canales de regadío.[30] Explotaron los ricos yacimientos mineros de Andalucía y desarrollaron la metalurgia. Mantuvieron relaciones comerciales activas con el Mediterráneo oriental, con los fenicios y con los griegos. Conocieron la estructura con un alfabeto propio semejante al ibero.

Geográficamente se extendía por Andalucía. Los tartessos quedaron sometidos a la hegemonía[31] fenicia al instalarse sólidamente los fenicios en Cádiz. Sin embargo, la supremacía fenicia no fue agobiante. No interrumpió la prosperidad del reino tartessio. Se enriquecieron con las aportaciones culturales fenicias. La decadencia de Tiro llevó consigo el que Tartessos recuperase su independencia política. Durante casi dos siglos Tartessos volvió a ser la potencia política más importante de la Península, hasta ser destruída por los cartagineses.

1.5.2. Los Iberos

Uno de los pueblos más importantes de la España prerromana fueron iberos. Fue considerado tradicionalmente como el más representativo de la Península, hasta el punto de haberle dado nombre. Las tribus iberas estaban extendidas por la costa mediterránea, el valle del Ebro y el Pirineo. No formaron un pueblo nuevo sino una expansión cultural de las gentes aborígenes.[32]

Los iberos basaban su infraestructura[33] económica en una agricultura de cereales, vid y olivo con una ganadería complementaria. En las zonas costero-meridionales tenían un comercio extraordinariamente importante de metales. Vivieron en ciudades fortificadas, independientes y, a veces, enemigas. Esto indica su carácter defensivo y la falta de unidad política.

---

29) el alto grado de civilización : 고도의 문명
30) el canal de regadío : 관개할 수 있는 통로
31) la hegemonía : 패권, 헤게모니
32) aborígen : 원주민(의)
33) la infraestructura : 기초 공사, 기초적 경제 기반

La Dama de Elche

La Dama de Baza

Por influencia fenicia o griega tenían un sistema monetario y acuñaban[34] moneda propia. Tuvieron su propio alfabeto estrechamente relacionado con el tartessio. De carácter muy primitivo, desarrollaron la cerámica muy fina y variada, decorada con figuras e inscripciones. El arte ibérico, de formas artísticas muy ricas, recuerda influencias griegas o fenicias. Llaman la atención, entre sus manifestaciones artísticas, dama de Elche, dama de Baza y figuras de animales de Azaila.

Los romanos llegaron a la Península el año 218 a.C. y realizaron sus primeras campañas. Entonces, los iberos ofrecieron escasa resistencia[35] a los invasores. Por eso, recibieron de romanos un trato de favor[36] que contrastó con el dado a los celtíberos y otros pueblos del interior.

1.5.3. Los Celtas

Los celtas eran un pueblo indoeuropeo asentado en el segundo milenio a.C. en la actual Alemania. Estos pueblos llegaron a la Península en dos grandes oleadas (siglo IX y siglo VI a.C.), estableciéndose en Cataluña, Aragón y la Meseta, con una economía agrícola o ganadera. Ellos hablaban una lengua de tipo indoeuropeo y conocieron la escritura, pero no la urbanización. Debido a su pequeño número debieron formar una casta militar dominante. A veces dominaron los pueblos de cultura ibérica más desarrollada.

Eran excelentes jinetes. Conocían la técnica de la guerra con armas bien elaboradas. Las comunidades políticas de los pueblos celtas tuvieron carácter embrionario.[37] La cultura celta aparece con un nivel más bajo que la de los iberos. Así, mientras los iberos utilizaron el torno de alfarero, los celtas tardaron[38] mucho tiempo en conocerlo y usarlo. Entre sus vestigios[39] materiales se conservan grandes figuras de cuadrúpedos.[40] Los Toros de Guisando poseían una significación mágico -religiosa.

---

34) acuñar : 주조하다, 화폐를 주조하다.
35) la resistencia : 저항
36) el trato de favor : 혜택받는 대우
37) embrionario(a) : 초기의
38) tardar en + inf : ~하기에 늦다.
39) el vestigio : 자취
40) el cuadrúpedo : 네다리 짐승

Ruinas de Numancia. Soria

Carro votivo de bronce. Mérida

1.5.4. Los Celtíberos

Los iberos, en fecha no fácil de precisar, se expansionaron hacia el interior de la Península. El producto de esa expansión fueron los pueblos llamados celtíberos, asentados en la meseta central. Su origen se explica bien porque los celtas se adueñaron[41] y fusionaron[42] con la población ibérica. Esas zonas fueron habitadas inicialmente por pueblos primitivos, primero celtizadas y luego iberizadas.

El centro principal es Numancia(Soria). Tenía murallas y fortificaciones[43], calles

41) adueñarse : 주인이 되다
42) fusionar con : ~와 융합하다
43) fortificacíon : 진지 구축, 진지

estrechas, aceras y piedras para pasar de un lado a otro de las calles. Los celtíberos conocían el urbanismo y tenían una cerámica pintada, policroma y muy bella. La cerámica, muy abundante, se caracteriza por la perfección de su técnica y por su tendencia a los motivos geométricos[44] y a la estilización[45] de las figuras.

44) geométrico(a) : 기하학적인
45) la estilización : 독특한 스타일을 만듬

2. Hispania romana

2.1. La Segunda Guerra Púnica

La rivalidad[1] entre griegos y fenicios fue continuada por los romanos y cartagineses, sus continuadores ideológicos y comerciales. Después de la primera guerra púnica (264-241 a.C.), Cartago perdió su influencia en Sicilia, Córcega y Cerdeña y también sus mercados correspondientes. Esto obligó a los cartagineses a intervenir en la península ibérica. Iban reactivando[2] las viejas factorías fenicio-cartaginesas, fortificando Cádiz y creando el puerto de Cartagena. Y les permitía dominar el estrecho de Gibraltar.

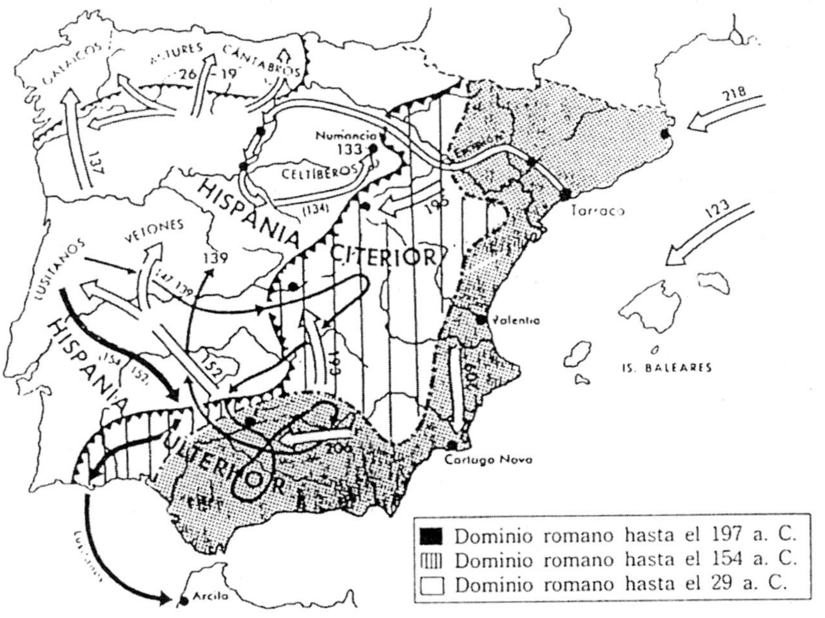

Conquista romana de la Península ibérica

---

1) la rivalidad : 적대심, 경쟁의식
2) reactivar : 재활성화시키다

El auge cartaginés en la península originó la segunda guerra púnica (219-202 a.C.). Su extensión de dominio en España llamó[3] la atención de los romanos, amenazados[4] de cerca. Estos decidieron atacar directamente la retaguardia[5] cartaginesa de España para destruir sus bases de aprovisionamiento.[6]

Una vez terminada la guerra con victoria de Roma, inmediatamente los romanos cambiaron sus planes. Decidieron la conquista de la Península. Todo ello encajaba[7] plenamente en la política de imperialismo[8] desplegada por Roma.

2.2. La Conquista romana

La conquista de la península por los romanos fue muy lenta. Entre los años 218 y 206 a.C. ocuparon el litoral mediterráneo y la mayor parte de Andalucía. Coincidió, en principio[9], con la segunda guerra púnica. No parecía tener otra finalidad que la de privar[10] a Aníbal de sus bases en Hispania, y de sus reservas de mercenarios y plata.

La consolidadción y la penetración hacia el valle del Ebro se hicieron ya en el siglo II a.C.. Preferentemente su conquista tuvo un marcado sentido de explotación sistemática de las tribus sometidas. La penetración en la Meseta tuvo lugar[11] durante la segunda mitad del siglo II a.C.. Enfrentó a los romanos con pueblos preferentemente ganaderos : lusitanos, arévacos y otras tribus. También en este tiempo se realizó la conquista de las Baleares.

Al principio[12] Roma dividió los territorios conquistados en dos provincias :

---

3) llamar la atención de : ~의 관심을 끌다
4) amenazar : 위협하다
5) la retaguardia : 후방부대
6) el aprovisionamiento : 공급, 보급, 양식
7) encajar : 삽입하다, 들어맞다.
8) el imperialismo : 제국주의
9) en principio : 원칙상, 대체적으로
10) privar de : ~을 제거하다, 빼앗다
11) tener lugar : ~이 열리다, 발생하다
12) al principio : 초기에

Hispania Citerior, la más próxima a Roma, y Hispania Ulterior, la más lejana. Al frente de[13] cada provincia había inicialmente un pretor.[14] La política romana en la Península fue la de una explotación al máximo[15] de los recursos económicos en beneficio de Roma y de la oligarquía[16] senatorial.

La táctica fundamental de los romanos fue fomentar la división y enfrentar entre sí a los diversos pueblos hispánicos. Los pueblos indígenas estaban muy lejos de constituir una unidad política y de seguir una línea de actuación común frente a los romanos. Poco después, los indígenas comprendieron las intenciones romanas de dominación permanente. Entonces iniciaron la resistencia, que terminó el año 19 a.C. con el completo sometimiento de la península.

Gran parte de las rebeliones contra Roma procedieron de un error de cálculo de los romanos. Estos exigían más de lo que los hispanos podían soportar sin lanzarse a una rebelión. Las causas de la resistencia y de su larga duración fueron los siguientes : incapacidad y falta de escrúpulos[17] de los gobernadores; sistemas despiadados[18] de explotación económica; la difícil orografía[19] del territorio peninsular; la división política indígena en multitud de tribus independientes.

2.3. La Romanización

Se entiende por romanización el proceso histórico mediante el cual los pueblos peninsulares se incorporan[20] al mundo cultural romano. Es decir, su integración en el sistema político, social, económico, cultural e ideológico romano. Naturalmente, no se produjo de manera homogénea en toda la península. En el siglo I fue más rápida y profunda en tierras béticas, mientras que las tierras cantábricas seguían

13) al frente de : ~의 정면에, 선두에
14) el pretor : (로마의) 고을원님
15) al máximo: 최대로
16) la oligarquía : 소수정치
17) el escrúpulo : 양심
18) despiadado(a) : 잔인한, 무정한
19) la orografía : 산악지, 산지 지형학
20) incorporarse a : ~에 합체하다, 협력하다

llevando[21] una vida primitiva. La romanización comenzó mediante el contacto militar de manera puramente accidental.[22]

Los factores de romanización serían los siguientes :

- la conquista y la ocupación militar por medio de las legiones[23]
- el servicio militar de los indígenas, que actuaban como auxiliares[24] en el ejército
- los tratados o pactos con las ciudades y tribus indígenas
- los funcionarios romanos
- la fundación de colonias y municipios
- las relaciones comerciales y privadas entre los ciudadanos romanos y los indígenas
- el cristianismo, que actúa de gran elemento de unificación

Anfiteatro romano. Sagunto

2.3.1. La Administración romana y las Ciudades

Hispania entró a formar[25] parte del imperio con el número de provincias que

21) seguir llevando : 계속 ~를 갖고 가다
22) accidental : 우연의, 임시의
23) la legión : (로마의) 군단
24) auxiliar : 보조인, 보조병
25) formar parte de : ~의 일부를 형성하다.

evolucionó con el tiempo. Durante la conquista tuvo sólo dos, la Ulterior y la Citerior. Con Augusto la Hispania Ulterior dividió en dos provincias, la Bética y Lusitania. La Citerior con el nombre de Tarraconensis(Tarragona) se fragmentó[26] en cuatro provincias : Tarragona, Galicia, Cartagena y Baleares. Así, Hispania quedó dividida en seis provincias.

Durante la conquista, ya algunas ciudades o ciudadanos importantes consiguieron el derecho de ciudadanía romana. La ciudad era el centro religioso, cultural, administrativo y comercial. El sistema socio-económico gira alrededor de la ciudad como mercado y centro de población y administración de su territorio colindante.[27] Roma, por su parte, creó otras nuevas como Mérida y Zaragoza. Muchas veces nacieron como campamentos militares o por transformaciones de poblados indígenas. En estas ciudades vivía una gran proporción de seis millones de habitantes hacia el siglo I.

Aparecieron así las primeras estructuras realmente urbanas, con calles rectas y cruzándose en una plaza central. Se levantaron los edificios oficiales o públicos. Se construyeron también acueductos[28] para la traída de aguas, teatros, anfiteatros[29], puentes sobre los ríos y etc. Muchos de ellos se conservan todavía.

2.3.2. El Derecho hispanorromano

No debe creerse que el Derecho romano se aplicase en toda la Península. Junto a él subsistió[30] el derecho indígena, que regulaba las relaciones jurídicas de los naturales del país. El Derecho romano era un Derecho de privilegio y exclusivo de los ciudadanos romanos.

A medida[31] que avanzó la romanización, y sobre todo después de la concesión de la ciudadanía, fué debilitándose[32] el derecho indígena. El derecho de ciudadanía

26) fragmentar : 나누어지다.
27) colindante : 인접한
28) el acueducto : 수로, 수도교
29) el anfiteatro : 원형극장
30) subsistir : 생존하다, 생활하다.
31) a medida que : ~함에 따라
32) debilitarse : 약해지다, 나약해지다

romana fue concedido individualmente o de forma colectiva a todos los habitantes libres de una ciudad indígena. Las ciudades provistas de este derecho se convertían en municipios, con una administración semejante a la de Roma. Así muchas ciudades indígenas terminaron por convertirse en municipios de organización romana.

Templo de Diana en Mérida*

Desde luego, la conquista romana llevó consigo notables movimientos de población. Frecuentemente obligó a trasladarse a población indígena. Desde muy pronto la península ibérica fue foco de atracción[33] para la inmigración itálica.

2.3.3. El Ejército

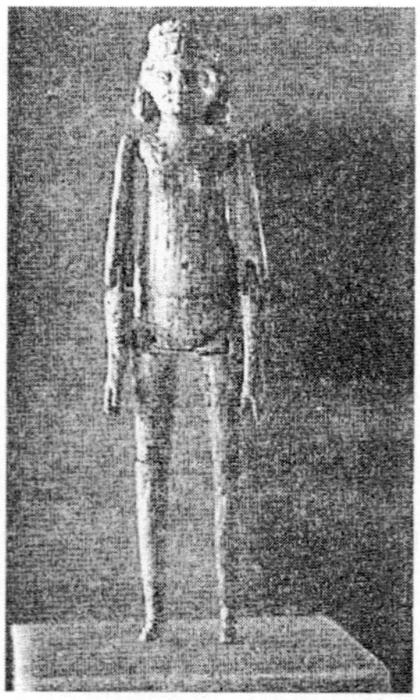

Muñeca de Marfil. Museo arqueológico de Tarragona

Los contingentes[34] militares romanos en España variaron según las épocas y las necesidades de la conquista. En un principio[35], las legiones estaban exclusivamente integradas por ciudadanos romanos. Los que no lo eran formaban parte de los cuerpos auxiliares.[36] Roma llegó a dominar la dilatada extensión de territorios. Sus soldados ciudadanos eran insuficientes para nutrir[37] el ejército. Se concedió la ciudadanía a los que entraban a servir en él.

Las tropas de ocupación extendieron[38] las ideas y costumbres romanas. Muchos soldados romanos se unían

33) atracción : 매력, 끌어당김
34) el contingente : 파견된 군대
35) en un principio : 초창기에는
36) cuerpos auxiliares : 용병 병력, 보조 병력
37) nutrir : 충당하다, 육성하다, 영양을 주다
38) extender: 퍼뜨리다, 확장하다

con mujeres indígenas. Después de su licenciamiento[39] permanecían en la Península como agricultores o comerciantes. También, los otros, al licenciarse y volver en parte[40] a su lugar de origen, eran importantes factores de difusión de la mentalidad y formas de vida romanas.

2.3.4. Unificación lingüística

A lo largo de una dilatada conquista romana, su lengua, el latín se fue extendiendo por toda la Península. La romanización de la población hispana fue rápida y profunda en las regiones donde abundaron las ciudades. En la Bética, el latín desplazó[41] rápidamente a las lenguas indígenas. Durante las guerras civiles del siglo I a.C. en muchas ciudades se hablaba ya latín.

En otras zonas el desplazamiento de las lenguas indígenas por el latín fue más lento. Era un latín vulgar, no literario. Lo introdujeron soldados, comerciantes y funcionarios romanos. Como sus consecuencias, con el idioma de los conquistadores, eliminó a las lenguas ibéricas.

Así por la generalización[42] del latín, los hispanos se adaptaron a la mentalidad[43] de la sociedad romana. Para la mayor parte de la población hispana romanizarse y latinizarse fue equivalente[44] a prosperar y ascender en la escala económico-social. La mayor parte de la población fue abandonando su lengua, usos y costumbres. Al terminar la dominación romana, la Península había quedado casi totalmente romanizada, con excepción de algunos pueblos del Norte, sobre todo los vascones.[45]

2.3.5. El Cristianismo

Uno de los elementos más importantes de romanización lo constituyó la expansión del cristianismo por la Península Ibérica. La cristianización fue muy

---

39) el licenciamiento : 제대, 군필
40) en parte : 일부
41) desplazar : 대신 들어서다, 대체하다.
42) la generalización : 보편화, 일반화
43) la mentalidad : 사고
44) equivalente a : ~에 대응하는, 같은
45) vascón : 로마시대 Vasconia(오늘날의 el País Vasco)의; 바스꼬니아 지역 사람

lenta y tardía en Hispania. Desde el punto de vista religioso los romanos impusieron sólo el culto al emperador. Este pretendía mantener la unidad del Imperio con la divinificación del poder estatal. Pero su propia mitología[46] se extendió. Y soldados, funcionarios y comerciantes introdujeron otras religiones de tipo oriental.

A lo largo[47] de la romanización las religiones indígenas se adaptaron a la romana. La difusión del cristianismo en Hispania está rodeada de tardías leyendas y tradiciones no demostradas históricamente. Los primeros núcleos cristianos debieron aparecer en los centros urbanos más romanizados entre las plebes[48] y los esclavos.

Torre de Escipiones. Tarragona

46) la mitologia : 신화
47) a lo largo de : ~을 따라서, 기간 동안
48) la plebe : (고대 로마의) 평민, 서민

No celebró su primer concilio[49] hasta principios del siglo IV. Luego, la Iglesia alcanzó su fuerza económica, social y política. En todo el Imperio la Iglesia pasó a gozar[50] de inmunidades[51] fiscales. Esta se transformó en un grupo poderoso e influyente.

2.4. La Economía de Hispania romana

Hispania fue famosa en el imperio romano por su riqueza minera. Esta fue una de las razones fundamentales de la conquista, primero cartaginesa y luego romana. Durante el imperio romano la Península era el principal exportador. Los romanos continuaron y ampliaron la explotación de yacimientos. Los metales obtenidos eran muy variados : oro (Asturias), plata (Sierra Morena), cobre (Río Tinto), plomo (Cartagena) y etc. Las minas solían[52] estar arrendada a compañías públicas. O bien eran explotadas directamente por el emperador a través de funcionarios.

La agricultura fue también una importante fuente de riqueza. Los romanos introdujeron en Hispania las nuevas técnicas de cultivo. Los cereales, la vid y el aceite fueron los cultivos principales. En la época romana abundaron los pastos y los bosques. Así dominó el ganado vacuno, caballar, porcino y ovino. Se desarrolló mucho en el Sur y Levante la industria de salazón de pescado.[53]

En las ciudades y los latifundios se desarrolló la artesanía para la producción de utensilios y artículos de consumo. Los tallares artesanos utilizaron preponderantemente mano de obra esclava. Los esclavos fueron la principal fuerza motriz[54] de producción. La explotación y comercialización de toda esta riqueza y la infraestructura de vías y puertos fueron creadas por los romanos. Esto les llevó a una gran prosperidad de las ciudades durante las dos primeros siglos del Imperio.

---

49) el concilio : 종교 회의
50) gozar de : ~을 향유하다, 즐기다.
51) la inmunidad : 면제, 면책권
52) soler + inf : ~하곤 하다, 하는 습관이 있다
53) la salazón de pescado : 생선을 소금에 절임
54) la fuerza motriz : 원동력

Arco romano de Medinaceli. Soria

2.5. La Crisis del Imperio

La crisis socio-económica del Imperio romano, a partir del siglo III, representó un cambio profundo de la economía en la sociedad de tipo esclavista. Durante los cuatro primeros siglos de nuestra era, el Imperio se caracterizó por el empobrecimiento progresivo, la ruralización[55], la importancia de lo hispano en Roma, la impotencia política romana y la barbarización.[56]

En cuanto al sistema de trabajo, el esclavo no hace mejorar las técnicas de

55) la ruralización : 시골화
56) la barbarización : 야만화,

Acueducto. Segovia

producto. El sistema esclavista se mostraba incapaz de aumentar la producción. La paz romana frena la expansión militar y por tanto la fuente de adquisición de esclavos. En su lugar se extendió el sistema del colonato[57] : los campesinos libres renunciaron a su libertad a cambio[58] de la protección y medios de subsistencia que ofrecían los latifundistas.[59]

A partir del siglo III las ciudades romanas de Occidente se amurallan por las migraciones de los pueblos germánicos. Las ciudades sufren una primera crisis de seguridad. El comercio se resintió[60] inmediatamente. Además, el aparato administrativo-militar del Imperio se hizo cada vez más caro. La administración procuró cobrar los impuestos o creó otros nuevos. Muchos procuraron escapar al campo para huir de esta responsabilidad.

Como sus consecuencias, la relación campo-ciudad se rompe. El Imperio

57) el colonato : 소작제도
58) a cambio de : ~의 댓가로
59) el latifundista : 대농장 주인
60) resentirse : 위축되다, 후퇴하다

romano y la Hispania se ruralizan. El latifundio procura, cada vez, autoabastecerse[61] y no depender de la industria urbana. La impotencia romana se produce en todos los lugares hasta que los bárbaros se asentaban en las fronteras del Imperio. Así, desde comienzos del siglo V, los pueblos germánicos invaden la Península poniendo[62] fin a la dominación romana.

2.6. El Arte romano en Hispania

El arte romano es un arte marcadamente utilitario.[63] Señala desde el principio el predominio de la arquitectura. Es un arte con grandes influencias griegas, helenísticas sobre todo, y del Próximo Oriente.[64]

Los restos son bastante abundantes, a pesar de no gran calidad. Tres centros parecen reunir las muestras más interesantes : Mérida, Tarragona y Sevilla.

En las grandes obras el ingeniero romano incluye el arco y la bóveda. Así lo podemos ver en tres ilustraciones : el arco triunfal de Bará, el acueducto de los milagros de Mérida y el puente de Alcántara sobre el Tajo.

Los teatros romanos tienen una orquesta semicircular[65] y una gran escena. El de Mérida es el mejor conservado en Hispania y uno de los más bellos de todo el Imperio. Esto tenía una capacidad para unos 5.500 espectadores.[66]

Aparte la arquitectura, la escultura-retrato y el mosaico nos han dejado muestras interesantes en Hispania. La primera arranca del culto a los antepasados.[67] Cuando en la etapa imperial apareció el culto al emperador se multuplicaron las estatuas semidesnudas de los emperadores, de clara influencia helenística.[68]

---

61) autoabastecerse : 자급자족하다
62) poner fin a : ~에 종결짓다
63) utilitario(a) : 실용적인, 실리적인
64) Próximo Oriente : 근동
65) semicircular : 반원형
66) el espectador : 관객
67) el antepasado : 조상
68) helenístico(a) : 그리스풍의

3. La Hispania visigoda

Las invasiones germánicas del siglo V cayeron sobre este mundo en transformación[1] y precipitaron[2] su crisis. Dentro de esta idea general hemos de situar la Hispania visigoda.

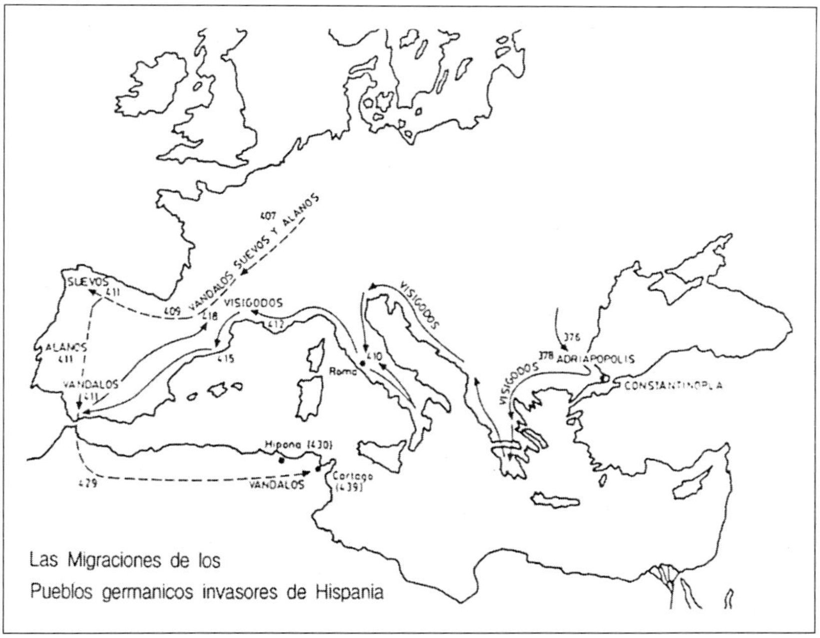

Las Migraciones de los
Pueblos germanicos invasores de Hispania

3.1. La Penetración de los germanos

Ante la presión de los hunos[3], multitud de pueblos germanos fueron empujados hacia el Imperio romano. El poder imperial no pudo impedirlo. Se produjeron así la penetración y asentamientos de diversos pueblos germanos en territorios del

1) la transformación : 변화, 변형
2) precipitar : 재촉하다, 서두르다
3) el huno : 훈족

Imperio. El movimiento de los pueblos germánicos en la Península se desarrolló entre 409 y 507. Los visigodos actuaban como federados del Imperio romano desde Aquitania-Toulose. Iban arrinconando[4] a los suevos en Galicia, sometiendo a parte de los alanos y vándalos. Los obligaron a emigrar al Norte de Africa. Los visigodos se establecieron definitivamente en Hispania.

Los visigodos no entraron como una horda[5] lanzada a la conquista, ni como un pueblo en busca de botín.[6] Al principio ocuparon una pequeña parte del territorio español(Cataluña). Inmediatamente después, se presenta como aliados de Roma para expulsar a los demás bárbaros. Su penetración en Hispania tiene alternativamente un carácter de alianza al Imperio o de conquista. Pero no de saqueo y pillaje.[7]

3.2. La Monarquía visigoda

La monarquía visigoda se presenta como continuador del proceso socio-económico y político del Bajo Imperio romano. Se asentaron preferentemente en las dos mesetas, fijando su capital en Toledo. Lentamente fueron afianzando[8] su dominio en toda España. En el noroeste y Portugal permanecieron los suevos. Los pueblos del norte consiguieron la independencia. Además, los bizantinos pretendían[9] restaurar el imperio romano en todo el Mediterráneo, interviniendo en la guerra civil. Estas dificultades exteriores se complicaban todavía con la debilidad interna de la monarquía.

Tradicionalmente la designación del monarca fue electiva de acuerdo con la costumbre goda. Al morir un rey, su sucesor debía ser designado originariamente por el ejército según el viejo uso germánico y más tarde por una asamblea de los

4) arrinconar : 몰다, 몰아부치다.
5) la horda : 무리, 도당
6) el botín : 전리품
7) el pillaje : 약탈
8) afianzar : 고정하다, 확립하다.
9) pretender + inf. : ~해보다, 은근히 바라다

principales magnates.[10] Sin embargo, desde muy pronto fue frecuente la ocupación del trono mediante el regicidio.[11]

Por otra parte el pequeño número de los inmigrantes (apenas unos 100.000) respecto[12] de la masa hispanorromana(5-6 millones) no debieron representar una incidencia demográfica importante. Pero para lograr la unidad del reino visigodo fue preciso superar ante todo el dualismo[13] existente entre la minoría goda y la población hispanorromana. Los visigodos tenían la mayoría de las tierras con mayores privilegios que los hispanorromanos. Su confesión religiosa era distinta(arrianos los visigodos, católicos los hispanorromanos). Cada pueblo se regía[14] por sus propias leyes. El acercamiento de ambos sectores de la población se fue produciendo progresivamente.

Hispania visigoda al Comienzo del Reinado de Leovigildo (568)

10) el magnate : 대귀족, 거물
11) el regicidio : 왕 또는 여왕을 암살함
12) respecto de : ~에 관하여
13) el dualismo : 이중성, 이원론
14) regirse : 다스리다, 통치하다

En el último tercio del siglo VI, algunos reyes intentaron la organización del territorio y la fusión de los pueblos. El rey Leovigildo reforma la administración y reorganiza la corte.[15] Dedicó todas sus energías a unificar el país y dominar todos los focos rebeldes. En su reinado había luchas religiosas entre la minoría visigoda y la mayoría hispanorromana. Su hijo San Hermenegildo, convertido al catolicismo, se puso al frente[16] del partido católico de la Bética. Hermenegildo fue capturado y ejecutado por negarse a recibir la comunión arriana.

La unificación religiosa fue lograda por Recaredo (586-601), otro hijo de Leovigildo y hermano de Hermenegildo. Recaredo cambió el sentido de la política religiosa de su padre. Se convirtió al catolicismo con su corte en el Concilio III de Toledo (587). Después de proclamar solemnemente la fe católica del pueblo godo, el monarca protegería la Iglesia en adelante. Así esta pasó a ejercer una fuerte influencia por medio de los Concilios de Toledo.

En el año 654, Recesvinto promulgó la unificación jurídica para todo el territorio. El derecho territorial sustituía los derechos personales anteriores. Así fue lograda la fusión del elemento visigodo con el pueblo hispanorromano.

3.3. Fin de la monarquía visigoda

El sistema de monarquía electiva fomentaba las ambiciones de los nobles, como el asesinato de los reyes y la intervención de las potencias extranjeras -bizantinos, suevos y francos- en las luchas civiles.

En los últimos reinados se precipita la decadencia a causa de la rivalidad[17] entre los familiares de Chindasvinto y de Wamba. A la muerte de Witiza (710) se suscitaron dificultades acerca de su sucesión. Pero la asamblea eligió a Rodrigo -descendiente[18] de Chindasvinto-, gobernador de la Bética. Entonces los hijos de

---

15) la corte : 궁정, 조정
16) al frente : 선두에, 정면에
17) la rivalidad : 경쟁심, 적대심
18) el descendiente : 후예, 후손

Witiza pidieron ayuda de los musulmanes que acababan de conquistar el norte de Africa. Estos auxiliares musulmanes vencieron a Rodrigo en la batalla de Guadalete en 711. Avanzaron hacia el norte de la península, convirtiéndose de meros auxiliares en conquistadores. Así, origina otra guerra civil que durará toda la Edad Media.

3.4. Economía y Sociedad de la Hispania visigoda

Los sistemas económicos del reino visigodo se presentan como los del Bajo Imperio romano. La vida productiva de la Hispania visigoda fue fundamentalmente agrícola y ganadera. La forma predominante de explotación fue el latifundio.[19]

En las ciudades y aldeas se practicó la artesanía en diversas modalidades : metalurgia[20], curtido de pieles y cueros, producción textil. El comercio interior siguió las antiguas vías romanas. Se mantuvo un cierto comercio con el exterior, así con el reino franco, Italia, Africa e Imperio bizantino. Debido a su pobre nivel económico, fue una época de recesión[21], caracterizada por una economía autárquica.[22]

En cuanto a la sociedad mantuvieron y agudizaron el status social anterior. El latifundio aumentó su importancia. Los latifundistas empezaron a formar una minoría nobiliaria. Los nobles desempeñaron[23] funciones de gobierno en la corte.

En la estructura social de la nobleza y en su vinculación[24] con el monarca aparecen claros elementos prefeudales. Los nobles prestan juramento de fidelidad personal al rey. Este les confiere cargos de confianza. Y les recompensa[25] abundantemente con tierras.

---

19) el latifundio : 대농장
20) la metalurgia : 금속술, 야금술
21) la recesión : 경제의 후퇴, 불황
22) autárquico(a) : 자급자족의
23) desempeñar : 역할을 하다, 이행하다
24) la vinculación : 연관, 관련, 관계
25) recompensar : 보상하다, 보답하다

Frente a los nobles existió abundante contingente de personas libres. Fue constituido en las ciudades por artesanos, comerciantes y etc. Y en el campo por pequeños propietarios. Los hombres libres del campo tuvieron que buscar un patrono[26], al que prestaban servicios a cambio de protección jurídica y seguridad económica.

Por debajo de los hombres libres estaban numerosos colonos y siervos, que vivían en el campo. Estos eran esclavos y carecían[27] de todo derecho. Además en las ciudades importantes hubo minorías judías. Generalmente, los judios se dedicaban al comercio y la artesanía. Enteramente estaban separadas del resto de la población. Fueron objeto de una fuerte hostilidad.[28]

Catedral de Burgo de Osma. Soria

26) patrono : 후원자, 주인
27) carecer de : ~에 부족하다
28) la hostilidad : 적대심

3.5. La Iglesia

La religión evoluciona durante la época visigoda hasta triunfar decisivamente la católica. Esta tuvo un papel determinante, que la convirtió lentamente en una importante fuerza latifundista. Los concilios de Toledo fueron convocados por el rey, pero presididos por el arzobispo. A partir del siglo VII estos fueron verdaderas asambleas políticas. La Iglesia se sintió íntimamente ligada a la minoría nobiliaria latifundista y al Estado visigodo.

Posteriormente, su carácter fundamental estriba[29)] en que se reúnen esencialmente para avalar[30)] situaciones irregulares sobre la proclamación del nuevo rey. Se reunía para mantener la incolumidad[31)] del monarca entonces reinante. Sin embargo, con su papel político los concilios no pudieron frenar la descomposición del Estado visigodo por las ambiciones nobiliarias.

3.6. Cultura y Arte

El nivel cultural del Estado visigodo fue muy pobre. Fue obra de elementos hispanorromanos, que limitaron a recapitular[32)] algunos aspectos de la cultura greco-romana. Sufrieron influencias de la Iglesia del norte de Africa y de la cultura bizantina. Su cultura era en todos los campos, inferior a la población hispanorromana.

En los numerosos monasterios y en algunas sedes episcopales hubo escuelas y bibliotecas. Entre ellos destacó San Isidoro, autor de las Etimologías[33)], enciclopedia donde se sistematiza la ciencia de la Antigüedad pagana y cristiana. También destacaron historiadores como Orosio, Hidacio, y Juan de Biclaro.

En el campo lingüístico el fenómeno de la aculturización se reflejó claramente en el

---

29) estribar en : ~에 근거를 두다, 기초를 두다
30) avalar : 배서하다, 연대보증하다
31) la incolumidad : 건전성, 완전성
32) recapitular : 요점을 되풀이하다, 요약하다
33) la etimología : 어원학

hecho de que la lengua gótica desapareció pronto. Sólo dejó al latín vulgar hablado en Hispania un reducido[34] número de palabras relacionado sobre todo con el mundo bélico, como guerra (erra), ropa (raupa), burgo (burg), guardia (Jardja) y etc.

Por lo que respecta del arte, podemos apreciar las líneas generales de su desarrollo. Se advierte dos influencias en la arquitectura religiosa : la latina y la bizantina. Del tipo latino, el mejor ejemplar es San Juan de Baños (Palencia). Del tipo bizantino, la iglesia de Santa Comba de Bande (Orense). Es típico en las construcciones visigodas el arco llamado de herradura o ultrasemicircular.[35]

La orfebrería[36] tuvo un desarrollo espléndido. Los visigodos, como los demás pueblos germánicos, eran muy aficionados[37] al adorno y uso personal, como armas, broches, hebillas y joyas. Son muy famosos el tesoro votivo de Guarrazar(Toledo), consistente en catorce coronas de oro y pedrería[38], cruces y otros fragmentos.

Detalle de la corona votiva del rey visigodo Recesvinto*

Detalle de la corona votiva del rey visigodo Recesvinto*

34) reducido(a) : 줄어든, 축소된
35) ultrasemicircular : 초반원형의
36) la orfebrería : 금, 은세공
37) aficionado(a) : ~에 열중한, ~을 좋아하는
38) la pedrería : 보석, 보석류

4. Al-Andalus

La Edad Media comienza en Europa con la venida de los musulmanes a la península (711), para intervenir en las luchas civiles de los últimos reyes visigodos. Esta intervención dirigirá el viejo mundo romano en dos partes antagónicas diferentes, caracterizadas por sus distintas creencias : la cristiana y la musulmana. La parte musulmana fue conocida con el nombre de Al-Andalus.

Desde luego, Al-Andalus no fue un simple fenómeno de conquista musulmana a la que la resistencia hispanovisigoda-cristiana logró[1] expulsar al cabo de casi ocho siglos de lucha. Por el contrario, la mayoría de hispanovisigodos aceptaron la civilización musulmana como religión, costumbres, trajes, lengua, nombres ... Y formaron con sus conquistadores un verdadero Estado con personalidad propia.

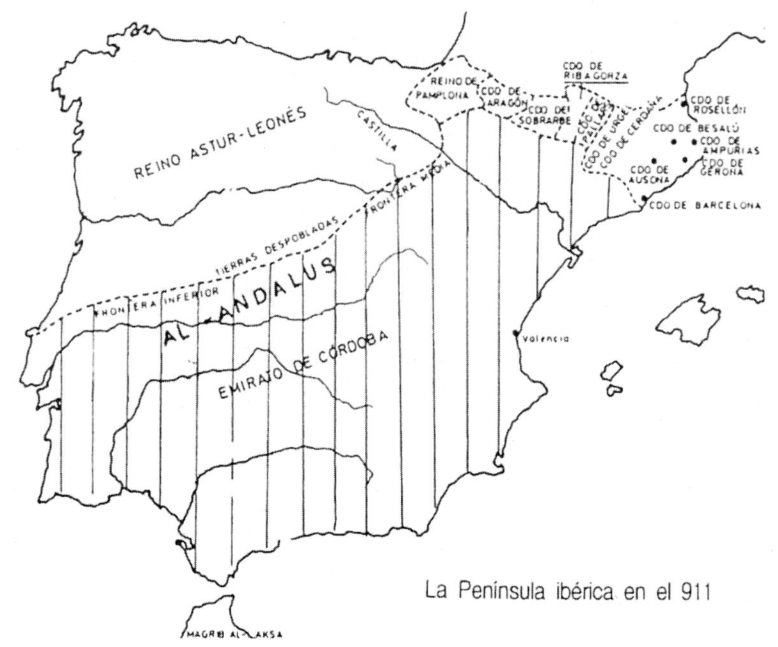

La Península ibérica en el 911

---

1) lograr + inf : ~하는 것을 얻어내다

4.1. La Conquista musulmana

Cuando el imperio árabe puso a los musulmanes frente a frente[2] en Africa con la civilización visigoda, las tentativas de invasión no tardaron en comenzar. En tiempos de Wamba hubo ya intentos serios, que fueron vigorosamente rechazados. En las luchas civiles visigodas, el ensayo invasor se renovó con éxito. Los elementos traidores -visigodos y judíos- conspiraron[3] contra el monarca y facilitaron la invasión.

De hecho, Tariq, lugarteniente[4] del walí (gobernador) de Marruecos venía a intervenir en un conflicto interno de los hispanogodos. El propio Muza dirigió luego la conquista. El avance musulmán continúa pujante[5] durante los años 712 a 713 sin encontrar grandes resistencias. La rápida conquista musulmana se efectuó, después de Guadalete. En el año 714 la conquista musulmana puede darse[6] por terminada, después de ocupar Toledo, el valle del Ebro y la cordillera Cantábrica.

Puerta de entrada a la Mezquita de Córdoba*

2) frente a frente : 마주대고
3) conspirar : 음모를 꾸미다
4) el lugarteniente : 부관, 심복
5) pujante : 힘있게, 활기차게
6) darse por + p.p : ~한 것으로 보다

4.2. Evolución política

Desde el punto de vista político, la historia de Al-Andalus se divide en cuatro etapas.

4.2.1. Emirato dependiente de Damasco

Desde el año 719, el jefe militar de los musulmanes, el emir[7] residió en Córdoba. Estos emires eran nombrados por los califas de Damasco. El reino de Al-Andalus no era en su constitución interior tan sólido como pudiera parecer. Principalmente se encuentran con dos problemas : uno, de luchas con los focos de reconquista; otro, de discordias[8] internas. El primer problema frenó la expansión militar hacia el norte, sobre todo, por la derrota musulmana en Poitiers. El segundo, en el interior de las mismas poblaciones, la heterogeneidad[9] de la gente en razas y religión era demasiado grande para que no saliera a la superficie.

Entre los descendientes de los invasores se habían creado dos sectores sociales bien distintos : los descendientes de los sirios y los de los bereberes norteafricanos. Ambos grupos, a su vez tenían la oposición y en ocasión el odio de los hispanos islamizados o muladíes[10] y de los hispano-cristianos o mozárabes.[11]

Los musulmanes organizaron a toda prisa[12] la tierra conquistada, imponiéndose tributos y cargas administrativas sobre los sometidos. Las constantes luchas entre los luchadores dan lugar a una época de anarquía e incertidumbre, agravada[13] siempre por el hambre.

---

7) el emir : 에미르 왕국의 통치자, 아랍 왕족
8) la discordia : 불화
9) la heterogenidad : 이질성
10) el muladí : 회교도로 개종한 (스페인)사람
11) el mozárabe : 아라비아인의 치하에서 회교도로 개종하지 않은 그리스도 교도
12) a toda prisa : 빠른 속도로
13) agravado(a) : 가중된, 악화된

4.2.2. Emirato independiente de Bagdad

Laberinto de Columnas y Naves de Alhaken II. Mezquita de Córdoba*

El año 756, Abd-al-Rahman I, descendiente omeya crea el emirato independiente de Córdoba. El joven príncipe intentaba crear un nuevo Estado musulmán, unido en el interior y fuerte contra los posibles ataques. Así nació la monarquía cordobesa. Al-Andalus adquirió desde este momento conciencia[14) de su personalidad política, coincidiendo con la etapa en que se arabizó[15) más decididamente.

A partir de Abd-al-Rahman II (822-852) adquirió una estructura estatal completa, que se reafirmó con el califato. Esta organización centralizada peligró, en ocasiones, por la tendencia[16) de los poderes locales a independizarse en la frontera. Aquí el poder

Techo de Mezquita de Córdoba*

14) conciencia : 양심, 자각
15) arabizarse : 아랍화하다
16) la tendencia : 경향, 성향

podía estar en manos de familias muladíes fuertemente emparentadas[17] con los reinos cristianos del norte. La más grave sublevación[18] muladí tuvo lugar en los últimos años del emirato, en 880, dirigida por un descendiente del conde visigodo Alfonso, Omar ben Hafsun, en Málaga.

4.2.3. Califato de Córdoba

El reino cordobés representó el máximo apogeo económico, político y cultural a través de las fuertes personalidades de sus dirigentes como Abd-al-Rahman III, Al-Hakam II y Al- Mansur. Estos intervinieron en el norte de Africa y en los reinos cristianos del norte.

Abderraman III*

El año 912 el nuevo emir, Abd-al-Rahman III, puso fin a este estado caótico dominando la rebeldía interior. Terminó su obra de unidad nacional musulmana tomando entonces el título de Califa y Comendador[19] de los Creyentes. Era, al mismo tiempo, juez supremo y general de los ejércitos. En realidad se trataba de un poder absolutista[20] de base militar.

La decadencia[21] del califato de Bagdad hace aumentar la importancia del cordobés. Abd-al-Rahman III y su Estado adquieren fama y relieve en toda Europa, aumentando la importancia artística y cultural de Córdoba. Le sucede Al- Hakam II, que prolonga la obra ilustre de su padre y continúa el esplendor de Córdoba.

En los tiempos de Hixem II se entrega el poder absolutista en manos de favoritos y ministros. Almanzor (977-1002), en realidad, gobierna el califato. Y señala su más alto período de pujanza[22] y grandeza militares. Reorganiza el ejército, liquida las

---

17) emparentar con : ~와 친척이 되다
18) la sublevación : 반란
19) el comendador : 지도자
20) el poder absolutista : 절대적인 권력
21) la decadencia : 몰락, 쇠퇴
22) la pujanza : 용맹성

Ruina del Palacio de Medina Azzahara, Córdoba

distenciones internas y emprende una ofensiva fuerte contra los cristianos. Este dictador dará los últimos años de gloria militar a Córdoba. La toma de Santiago produjo una inmensa impresión en toda Europa. Al morir Almanzor comenzó el desquiciamiento[23] político del califato, hasta culminar en la creación de multitud de pequeños estados musulmanes, llamados reinos de taifas.[24]

4.2.4. Reinos de Taifas

Como consecuencia de la desmembración[25] del califato de Córdoba fueron organizándose feudos[26] en las provincias. Esto daría origen a los reinos de taifas. A pesar de la decadencia política del Islam español, se convierten en focos magníficos de cultura literaria, artística y científica. Los más importantes reinos de taifas fueron los de Sevilla, Zaragoza, Valencia, Granada, Málaga, Badajoz y Almería.

Como las taifas eran débiles debían pedir la protección de los príncipes cristianos a cambio[27] de los tributos, las llamadas parias.[28] Sin embargo, con motivo de la

23) el desquiciamiento : 멸망, 파괴
24) la taifa : 소왕국
25) la desmembración : 분열, 절단
26) el feudo : 봉지, 영지
27) a cambio de : ~대신에
28) la paria : 공물

ocupación de Toledo por los cristianos en 1085, el rey de Sevilla solicitó la ayuda de los almorávides para enfrentarse con aquéllos. El pueblo bereber pasó el estrecho de Gibraltar[29] y venció a los cristianos en Sagrajas. En un período muy breve los almorávides unificaron toda la España musulmana.

En los momentos de decadencia surgieron de nuevo las taifas almorávides. Eran mantenidas independientes, con los mismos problemas que los anteriores. Nuevamente, otro pueblo árabe, los almohades, lograron vencer a diversos reyezuelos independientes, instaurando <el segundo período de taifas>.

La segunda mitad del siglo XII es el último período de gran florecimiento[30] político del Occidente islámico. Pero la actuación almohade sólo sirvió para separar más a los musulmanes españoles de sus convecinos cristianos. El estado militar almohade no consiguió el apoyo popular por su intransigencia[31] religiosa.

La ofensiva cristiana, tanto por parte de León y Castilla como por parte de Aragón y Cataluña, se intensifica.[32] Finalmente consigue la victoria decisiva en las Navas de Tolosa (1212). Fue la última gran batalla entre musulmanes y cristianos. Esta victoria precipita la caída de los almohades. A partir de entonces se constituyen por tercera vez los reinos de taifas. La descomposición producida por las taifas almohades fue aprovechada también por los reyes cristianos.

Así queda únicamente el reino de Granada, último baluarte[33] de los musulmanes en España. Esto prolonga la angustiosa decadencia política y militar de los árabes hasta la época de los Reyes Católicos. Este último reino existió casi dos siglos y medio sin significación política. Pero tuvo una gran importancia de economía y refinada cultura.

Finalmente, la unión matrimonial entre Castilla y Aragón contribuyó a crear una situación política nueva. Esta unión acabará con la desaparición del reino de Granada a fines del siglo XV.

---

29) el estrecho de Gibraltar : 지브롤터 해협
30) el florecimiento : 개화, 번창
31) la intransigencia : 강경, 완고함
32) intensificarse : 강화되다
33) el baluarte : 요새

Patio de los Arrayanes*

Panorama de Alhambra, Granada*

4.3. La Economía

Los conquistadores no cambiaron sustancialmente[34] el sistema latifundio-colonato de la época visigoda. Los árabes, sirios o bereberes, se asentaron[35] en las

34) sustancialmente : 본질적으로, 실질적으로

viejas ciudades romanas como dominadores militares o como burócratas del nuevo Estado musulmán.

Estas ciudades poseían un núcleo amurallado, llamado la medina.[36] En ellas habían edificios administrativos y comerciales. En la medina se encontraba la mezquita[37], el alcázar militar y el zoco o mercado. Fuera de ella la ciudad se extendía en arrabales.[38]

A través de la burocracia y el ejército, el Estado se convierte en el más importante consumidor.[39] Ello explica que Córdoba fuera el primer centro político-económico de Al-Andalus.

En cuanto a las fuentes de riqueza, la agricultura fue triguero-olivares de secano en grandes latifundios y de regadío en las huertas cercanas a las ciudades. También tuvieron mucha importancia la fruticultura[40] y el cultivo de la vid.

La industria se basaba en la pequeña producción mercantil-artesanal. Debían existir grandes manufacturas del Estado para la exportación de varios artículos como armas, cerámica, cuero, etc. Sobre todo las industrias textiles tuvieron mucha fama en toda la Europa.

4.4. La Estructura social

Antes de la llegada de Abd-al-Rahman (756) los invasores árabes apenas formaron un grupo de 50-60.000 hombres, inmersos[41] en una población de unos 5-6 millones de hispanovisigodos.

La sociedad de Al-Andalus presentó una gran riqueza de grupos étnicos. Entre los invasores la minoría árabe organizaba tribalmente con grandes

35) asentarse : 정착하다
36) la medina : 이슬람교도 거주 지구
37) la mezquita : 회교사원
38) el arrabal : 변두리, 교외
39) el consumidor : 소비자
40) la fruticultura : 과수재배
41) inmerso(a) : 침몰당한

latifundios. Los bereberes formaban el grupo mayoritario de las tropas invasoras y de los mercenarios. Los judíos extendieron un poco por todas las ciudades donde ejercían oficios selectivos como comercio, artesanía de la plata y el oro, usura ... También hay otros grupos minoritarios como los eslavos, importados de la Europa central y oriental. Estos ocuparon importantes cargos en el ejército y la administración.

En cuanto a la sociedad indígena los hispanovisigodos formaban la mayoría de la población. Tomaron, frente a la dominación musulmana, dos posiciones distintas. De integración religiosa, cultural y económica total formó el grupo llamado muladí. Y de mantenimiento de las formas religioso-culturales hispanovisigodas representó el grupo minoritario mozárabe.

La sociedad musulmana de Al-Andalus no llegó a estructurarse sólidamente en un tipo feudal. Sin embargo, a grandes rasgos podría estructurarse en cuatro grupos.

Estatua de Averroes en Córdoba*

-El grupo nobiliario, formado por los árabes conquistadores

-La burguesía urbana, formada preferentemente por pequeños funcionarios, artesanos, comerciantes, oficios liberales

-La plebe urbana compuesta por elementos de todos los tipos étnicos como artesanos, pequeños comerciantes

-La masa de muladíes campesinos y los esclavos

4.5. la Cultura

El fenómeno cultural más importante es el de la islamización del pueblo hispanovisigodo y su arabización desde el siglo IX. Durante los siglos VIII y IX la mayoría de los hispanovisigodos aceptaron el Islam. Ellos seguían el respeto establecido en el Corán hacia cristianismo y judaísmo. Las autoridades musulmanas respetaron la religión y la organización de los mozárabes. Sólo una minoría, principalmente en las ciudades (Toledo, Córdoba, Sevilla), se mantuvo dentro de la religión cristiana. Sin embargo, los mozárabes no pudieron evitar una fuerte arabización.

Torre del Oro. Sevilla

Alhambra vista desde San Nicolas*

En el aspecto lingüístico la imposición del árabe permitió[42] a Al-Andalus relacionarse intelectualmente con los centros culturales del Próximo Oriente. Esta relación fue un fenómeno fundamental de intercambio y penetración de ideas, libros, costumbres. Así llegó a su máximo apogeo[43] en tiempos del califa Al-Hakam II.

La enseñanza estuvo muy difundida. Existían escuelas primarias[44] y centros de enseñanza superior como las universidades. Entre los filósofos la figura de Averroes (1126-1198) se destaca por su interpretación de Aristóteles. Averroes fue acusado de herejía[45], deportado y encarcelado en Magreb donde murió. Había muchos científicos musulmanes que cultivaron las matemáticas, geografía, astronomía y ciencias naturales.

---

42) permitir + inf : ~하는 것을 허락하다
43) a su máximo apogeo : 최고의 절정기에
44) la escuela primaria : 초등학교
45) la herejía : 이단, 사교

4.6. El Arte

El arte de Al-Andalus fue una mezcla de tradiciones hispanovisigodas con influencias orientales. Como en el resto del Imperio islámico, Al-Andalus tuvo una gran capacidad de síntesis.[46)] Los edificios principalmente conservados son las mezquitas y los palacios. Los elementos constructivos fundamentales fueron : la columna, el arco de herradura, la bóveda[47)] y la cúpula.[48)] El arte está al servicio del poder. Sus principales manifestaciones arquitectónicas son la mezquita de Córdoba, la Giralda de Sevilla, el palacio de Aljafería de Zaragoza, y la Alhambra de Granada.

La influencia del arte musulmán andalusí pervivió[49)] a través de los mozárabes. Pues, al lado del arte musulmán la minoría mozárabe creó un arte muy interesante, por su propia personalidad y por su influencia en los reinos cristianos del Norte. Los mozárabes dejaron obras arquitectónicas y una rica colección de libros miniados.[50)]

46) la síntesis : 종합, 총괄
47) la bóveda : 둥근 천정
48) la cúpula : 원형 지붕
49) pervivir : 지속적으로 지탱하다, 오래살다.
50) miniar : 세밀화로 그리다

5. Los Orígenes de los Estados cristianos (Siglos VIII-X)

Para dominar totalmente la Península los musulmanes encontraron unos únicos obstáculos de importancia. Estos fueron los núcleos rebeldes[1] de las montañas del Norte. Allí se inicia la larga lucha por la reconquista del territorio nacional en poder[2] de los invasores árabes. El aislamiento de esas poblaciones montañesas les permitió conservar costumbres originales hasta la época de la conquista musulmana.

Desde el siglo VIII al X los núcleos de resistencia cristiana se formaron sobre las dos cordilleras septentrionales[3] : el reino astur-leonés en la Cantábrica y los

La Península ibérica en los primeros Años del Siglo XI

1) rebelde : 반항적인
2) en poder de : ~의 손아귀에 있는, ~의 수중에 있는
3) la cordillera septentrional : 북쪽의 산맥

núcleos de Pamplona-Navarra, Aragón y Cataluña en los Pirineos. Estos pudieron aprovechar, en algún momento, las luchas internas de Al- Andalus. Pero, frente a la superior potencia económico-militar de Córdoba, especialmente durante el siglo X, se limitaron[4] a una política de supervivencia.

5.1. El Reino Astur-leonés

El reino astur-leonés fue el más importante núcleo cristiano hasta el siglo X por su extensión, su fuerza económica y su estructura política. El primer movimiento independiente fue obra de las tribus montañesas. Estas procuraban escapar al control de los impuestos musulmanes. A su vez habían montado un sistema de fortalezas para evitar sus razzias[5] frecuentes en busca de botín.[6]

En este contexto[7] debe situarse la pequeña acción de Covadonga. Asturias, independiente y bajo el gobierno de Pelayo con capital en Cangas de Onís, inició la guerra de Reconquista en el año 718. Esta batalla tiene el interés de ser el primer encuentro ganado por los cristianos contra los musulmanes. Desde ese momento Covadonga se convirtió en un símbolo nacional.

5.1.1. Alfonso I

El núcleo asturiano cobró verdadera importancia con Alfonso I (736-757), yerno de Pelayo. La primera delimitación[8] del reino asturiano fue su obra aprovechando las luchas civiles en Al-Andalus. Alfonso I destruyó el sistema defensivo musulmán.

Y creó una gran frontera despoblada, llamada la tierra de nadie.[9] Se llevó a los pobladores hispanorromanos-visigodos a la cordillera Cantábrica. Con esta

4) limitarse a : ~에 한정되어 있다, 제한되다
5) la razzia : (속어)약탈, 습격
6) el botín : 전리품, 약탈품
7) el contexto : 줄거리, 문맥
8) la delimitación : 경계선을 정함
9) la tierra de nadie : 주인없는 토지

repoblación[10] interior, Asturias cobra fuerza e inicia la fortificación de las tierras para defender de razzias musulmanas.

Retrato imaginario de Don Pelayo, primer rey de Asturias*

5.1.2. Alfonso II

Durante el reinado de Alfonso II se realiza la estructuración[11] definitiva que marca la independencia del Estado asturiano. Desde el punto de vista militar, el monarca obtuvo importantes triunfos o realizó razzias en apoyo[12] de los muladíes fronterizos.

---

10) la repoblación : 재입식, 재거주
11) la estructuración : 기구편성, 구성
12) en apoyo de : ~의 지지속에

Dada la importancia de la Iglesia en la estructura económica y social del reino, la independencia respecto de Toledo era fundamental. Permitiría reorganizar eclesiásticamente el reino.

Crearon el mito-milagro del hallazgo de la tumba del apóstol[13] Santiago en Galicia. Esto sirvió para potenciar el reino. Acerca de la ciudad de Santiago de Compostela había surgido una población importante, a la que acudían numerosos peregrinos.[14]

5.1.3. Alfonso III

La expansión cristiana culmina durante el importante reinado de Alfonso III (866-911). El hecho definitivo fue la fijación de la frontera en el curso del Duero. La expansión, no militar, fue posible gracias a una presión demográfica importantede los valles cantábricos, y la llegada de una masa considerable de

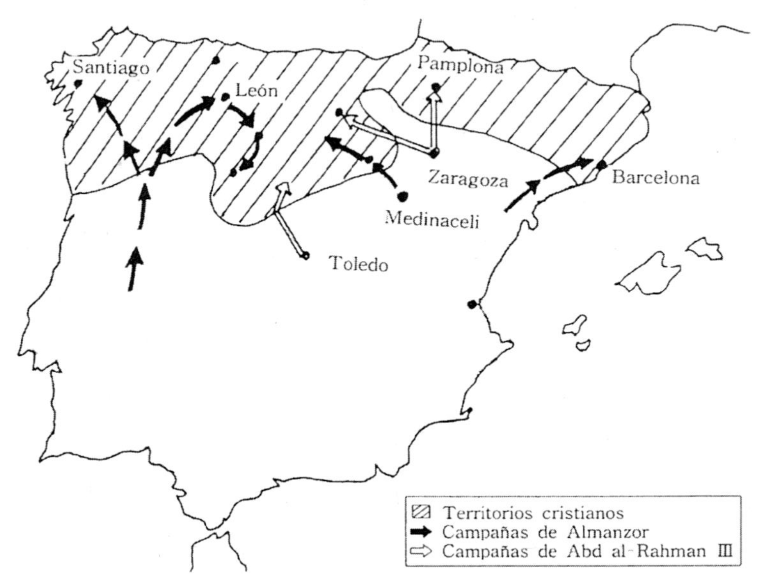

Expediciones musulmanas para el Norte

---

13) el apóstol : 사도
14) el peregrino : 순례자

emigrados[15] mozárabes. El reino de Asturias unificó los distintos pueblos que formaban la población bajo una organización de tradición visigoda. El asentamiento de la población fue organizado por la monarquía. Con un régimen semejante a la época visigoda, los nobles y los monasterios eran los propietarios de la tierra. Y los agricultores estaban sometidos a su poder.

En el reinado de Alfonso III se estableció la capital en León. La monarquía adquirió, gracias a la labor de los mozárabes, la conciencia de que su monarquía era la heredera del desaparecido Estado visigodo. Pero los últimos años de su reinado se vieron amargados[16] por discordias familiares. Finalmente se quedaron separados los tres como León, Galicia y Asturias.

5.1.4. Los Orígenes de Castilla

Los ejércitos musulmanes evitaban en sus incursiones[17] los llanos despoblados, de tierra de nadie, del Duero. El reino de León procuró defender esta frontera oriental aliándose con los rebeldes muladíes. Con el mismo propósito apoyó al reino de Navarra o fortificó las tierras de Castilla. Los territorios castellanos eran regidos por condes dependientes de los reyes de Asturias. Gozaban de autonomía y se defendían con sus propias fuerzas de las acometidas[18] musulmanas.

Durante los siglos IX y X, los repobladores cántabros y vascos acuden a esta zona fronteriza. Y van formando comunidades de población con sus costumbres ancestrales.[19] La repoblación de Castilla no fue encomendada[20] a los nobles y a los monasterios, sino a hombres libres. Estos campesinos, de forma individual, ocupaban las tierras para ponerlas en explotación. Tuvieron mayor libertad individual y la igualdad social.

La peligrosidad de la frontera permitía esa mayor libertad para los campesios.

---

15) emigrado(a) : 이주하는(자)
16) verse amargado por : ~으로 고통을 받다
17) la incursión : 침략, 침입
18) la acometida : 습격, 공격
19) ancestral : 선조의, 조상의
20) encomendar : 위탁하다, 위임하다

Así, este particularismo castellano, se realiza plenamente con el conde Fernán González. Este concentró poder, ante los ataques musulmanes, sobre los condados[21] de Burgos, Lantarón, Alava, Lara y Cerezo. La fuerza le permitió jugar un papel[22] importante en las guerras civiles leonesas a la muerte de Alfonso III.

A comienzos del siglo XI Castilla fue reconocida como reino independiente. Se convirtió poco después en el principal estado de la España cristiana. Castilla desarrolló su lengua propia y utilizó una ley distinta a la leonesa.

Nobles y clérigos acudiendo a un Concilio de Toledo, ilustración del Codex Vigilanus (976)*

21) el condado : 백작의 영토
22) jugar papel : 역할을 맡다

5.2. Los Estados Pirenaicos

Los primeros núcleos de resistencia establecidos en los valles pirenaicos vivían una problemática común basada en :

- la lucha por mantener su independencia frente al Imperio Carolingio
- la persistente fuerza de los musulmanes de Al-Andalus
- su propia debilidad debida a la escasa densidad demográfica[23)]

5.2.1. El Núcleo de Pamplona

Pamplona adquirió importancia pronto por su situación estratégica. Durante el siglo VIII y los primeros años del siglo IX, Pamplona tuvo guarniciones[24)] francas o musulmanas. La postura antivisigoda, antimusulmana y antifranca indican que existía en Pamplona una organización política fuerte. Esta zona juega un papel interesante diplomáticamente entre asturianos, musulmanes y francos. Se apoyó momentáneamente en quien más le interesa.

Con apoyo de la familia muladí rebelde de los Banu-Qasi, la familia Arista fue capaz de expulsar[25)] a los francos después del desastre de Carlomagno en Roncesvalles. Los monarcas navarros tendieron[26)] a buscar la alianza leonesa. El reino leonés la deseaba también para defender su frontera oriental. Sancho García I (905-925) ocupó la Rioja y anexionó el condado de Aragón. Pero este seguía conservando sus instituciones propias.

Tras la muerte de Al-Mansur el rey Sancho III el Mayor (1005-1035) extendió las fronteras de Navarra llevando la rienda[27)] entre los reinos cristianos. Anexionó Castilla, León y los condados de Sobrarbe y Ribagorza. Así Navarra se convirtió con Sancho III el Mayor en la capital de la cristiandad española y de parte del

23) la densidad demográfica : 인구밀도
24) la guarnición : 수비대
25) expulsar : 추방하다
26) tender a + inf : ~하는 경향이 있다
27) llevar la rienda : 주도권을 갖다

Mediodía francés.[28] Pero la unidad política cristiana bajo la hegemonía de Pamplona duró poco tiempo.

5.2.2. El Núcleo de Aragón

A comienzos del siglo IX nació el condado de Aragón. Los francos fundaron numerosos monasterios en este núcleo. Pero, a mitad de siglo, los aragoneses sustituyeron la organización y cultura franca por la hispanovisigoda. Su centro principal fue el monasterio de San Juan de la Peña. El núcleo aragonés, debido a su pobre densidad demográfica, osciló[29] entre la influencia franca, el dominio musulmán y la expansión navarra.

En la segunda mitad del siglo IX realizó también su independencia religiosa de Toledo. A principios del siglo X, Aragón, aún conservando una cierta autonomía[30], entró dentro de la zona de influencia navarra. Tanto en Navarra como en Aragón, a la población de pequeños propietarios libres, se superpone[31] un reducido número de barones, jefes militares y jueces, colaboradores directos del rey.

5.2.3. Los Condados catalanes de la Marca hispánica

Con el reinado de Carlomagno se inicia la política de expansión de los francos por los territorios hispánicos. Después del fracaso de Roncesvalles(778), Carlomagno encargó a los condes de la frontera la conquista de Gerona, cuyo gobierno fue confiado a un conde franco. De este modo se establecen las bases de la Marca hispánica.[32] Esto servía de muro de contención[33] de las invasiones musulmanas.

Así se conoce Marca Hispánica a un área geográfica organizada en varios condados independientes. Eran fundamentalmente seis : Barcelona, Gerona,

---

28) el Mediodía francés : 프랑스 남부 지방
29) oscilar : 흔들리다, 변동하다
30) la autonomía : 자치제(권)
31) superponer : 보다 중요시하다, 우선시하다
32) la Marca hispánica : 스페인지방
33) la contención : 제지, 차단

Ampurias, Rosellón, Vic y Urgel-Cerdeña. De ellos, lentamente se consolidó el grupo Barcelona-Gerona-Vic.

El desarrollo socio-político de estos condados depende de la evolución del Imperio Carolingio en descomposición.[34] Este proceso de descomposición se aceleró[35] a partir de la muerte del nieto de Carlomagno, Carlos el Calvo(877).

Sin embargo, los condes catalanes continuaban dependiendo teóricamente de los reyes francos. De momento tampoco lograron independizar la organización eclesiástica de sus Estados, que dependía del arzobispado[36] de Narbona.

5.3. La Economía

La infraestructura de los núcleos cristianos se basó en una economía natural, agrícola-ganadera. En una primera etapa, cuando la zona cristiana se reduce a las

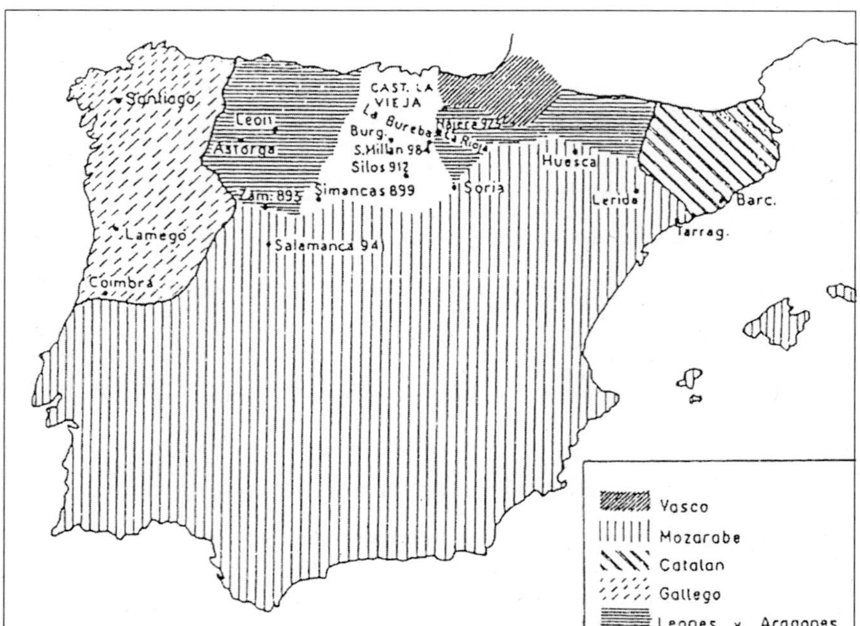

Las Lenguas peninsulares en el Siglo X

34) en descomposición : 해체되는, 붕괴되는
35) acelerarse : 가속되다
36) el arzobispado : 대주교(교구, 직)

tierras cantábricas, existió un lógico dominio de la ganadería. Cuando la repoblación ocupó los llanos de la Meseta se desarrolló una agricultura cerealista y de la vid.

No utilizó la moneda sino que la unidad de cambio[37)] era la oveja. Esta equivalía a un modio[38)] de trigo. Los reyes de Asturias y de León no acuñaron moneda, pero circularon[39)] la visigoda, la carolingia y la árabe. Tiene una artesanía y un comercio muy escasamente desarrollados. Las ciudades son de agricultores y ganaderos. En las ferias y en los mercados se advierte que la economía no es totalmente cerrada. Allí se trafican los productos de lujo.

Durante esta época se manifiesta la ruralización de la primera parte de la Edad Media. En todos ellos, en mayor o menor grado, se desarrolló un proceso de feudalización.[40)] Este proceso tendía al control de rentas en manos de una minoría nobiliaria o eclesiástica.

5.4. La Sociedad

En cuanto a la sociedad, durante la Alta Edad Media, España se manifiesta unas características especiales por la existencia de distintas condiciones económicas y sociales. En general, se encontraba en diferentes estadios[41)] de feudalización. En principio hubo en el reino astur-leonés muchos pequeños propietarios libres, sobre todo en las peligrosas tierras de frontera. Las tierras iban quedando alejadas de las fronteras. Se generalizó un proceso de absorción[42)] de la pequeña propiedad y de pérdida de la libertad de sus propietarios. De esta manera el pequeño propietario libre acabó convirtiéndose en colono arrendatario. Por consiguiente se queda sometido a impuestos y trabajos en beneficio del señor. Este régimen se llamó de

37) la unidad de cambio : 교환단위
38) el modio : 8.75리터 정도의 분량
39) circular : 유통시키다
40) la feudalización : 봉건화
41) el estadio : 단계
42) la absorción : 흡수

encomendación.[43]

Sobre todo se dan especial importancia a la pervivencia[44] de pequeños propietarios libres en Castilla. Los condes los necesitaban militarmente para la defensa de la frontera y de sus ambiciones independentistas. Cuando acabaron perdiendo su libertad, parece que los campesinos castellanos tenían libertad para romper las relaciones con el señor y escoger otro. El régimen feudal se desarrolla con algunas variedades en la península, tanto en Cataluña como en Castilla.

Monasterio de San Juan de la Peña, Aragón*

5.5. Cultura y Arte

Los primeros siglos de la España cristiana medieval corresponden a un período de reorganización de la cultura. Las circunstancias políticas son azarosas.[45] Hasta el siglo XII la cultura, como en el resto de Europa, está en manos de la Iglesia. Los más importantes centros culturales deben buscarse en los monasterios. Estos tienen

43) la encomendación : 위탁, 위임
44) la pervivencia : 지속함, 생존함
45) azaroso(a) : 위태로운

bibliotecas y escuelas. A través de este dominio de la cultura, la Iglesia procuró educar a las masas campesinas analfabetas.[46)]

Entre los siglos VIII y X, se manifiesta el arte prerrománico en dos tipos : asturiano y mozárabe. El arte asturiano es aristocrático, creado para satisfacer las pequeñas necesidades de la corte de Asturias. No es continuación del visigodo ni es carolingio. Pues no utiliza el arco de herradura como el visigodo, sino el de medio punto, y el peraltado y la bóveda de cañón.[47)] Las principales obras de este estilo son San Miguel de Liño, Santa María de Naranco y Santa Cristina de Lena.

En cuanto al estilo mozárabe, evolución del visigótico, con adaptación de elementos musulmanes, conserva un imborrable[48)] tipismo nacional. Las mejores muestras del mozarabismo arquitectónico son numerosas como Santa María de Melque (Toledo), San Juan de la Peña (Aragón) y etc.

---

46) analfabeto(a) : 무지의
47) la bóveda de cañón : 둥근천정
48) imborrable : 지울 수 없는, 기억에 남는

6. Reconquista y Repoblación (Siglos XI-XIII)

Durante los siglos XI-XIII los reinos hispanos se desarrollan dentro del marco de la Europa feudal con algunas variantes.[1] El hecho diferencial, respecto de Europa, del progresivo avance geográfico hacia el Sur, se hace vertiginoso[2] en el siglo XIII. Así surge la problemática demográfica.

Desde el punto de vista político, con la estructuración casi definitiva de las fronteras, los reinos cristianos adquieren supropia personalidad.[3] Desde el punto de vista socio-económico triunfa el sistema feudal como modo de producción y como modelo de estructuras jurídico-políticas. Reaparece la ciudad como centro industrial-comercial.

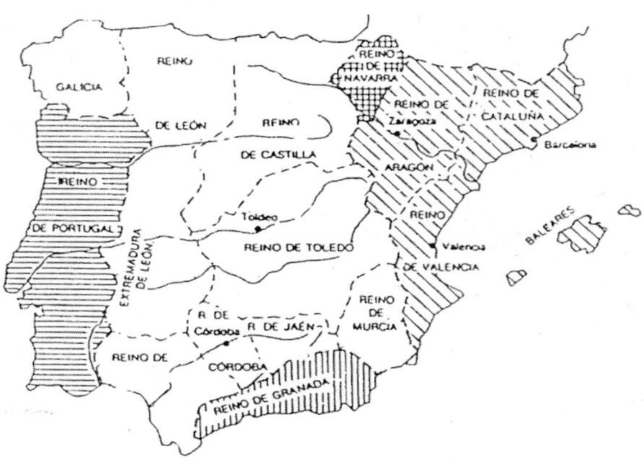

- Reino de Navarra
- Reino de Portugal
- Reino musulmán de Granada
- <Estados> de la Corona de Aragón
- <Reinos> de la Corona de Castilla.

La Península ibérica a mediados del siglo XIII

1) la variante : 변형, 다양함, 이형
2) vertiginoso(a) : 어지러운
3) la personalidad : 특성

El proceso de ocupación militar y repoblación se realizó especialmente entre los siglos XI y XIII. Aprovechando la debilidad militar musulmana, los reinos cristianos intervinieron en las luchas civiles de Al-Andalus. Y cimentaron[4]su superioridad militar.

Al principio los reinos de taifas capearon[5] la amenaza cristiana mediante el pago de fuertes impuestos o parias. Finalmente, ante el avance cristiano los reinos de taifas se vieron obligados a recurrir[6] al apoyo norteafricano.

6.1. Reconquista en el Siglo XI

Durante el siglo XI el califato de Córdoba sufre grave crisis de poder a la muerte de Al-Mansur (1002). A comienzos del siglo, Sancho III el Mayor de Navarra había logrado la unidad política cristiana, ejerciendo su autoridad sobre gran parte de los reinos de España. Pero a su muerte, sus estados se dividen. Así nacen los nuevos reinos de Castilla (Fernando I) y Aragón (Ramiro I). Estos se convertirán en centros importantes de reconquista.

Gracias a su enérgica actividad reconquistadora[7] el primero absorbió militarmente a León. El segundo, a los condados de Sobrarbe y Ribagorza. Sobre todo la incorporación de Toledo por Alfonso VI de Castilla y León (1072-1109) fue el hecho más trascendental[8] en la historia medieval peninsular.

En este siglo hay que colocar la figura de Rodrigo Díaz de Vivar. Fue conocido como el Cid Campeador. Nacido hacia el año 1040 en Vivar, cerca de Burgos. Su figura inmortalizó[9] gracias a un cantar de gesta[10], el Cantar de Mio Cid. Fue el primer poema épico de la literatura española.

---

4) cimentar : 기초를 세우다, 건설하다
5) capear : 요리조리 피하다
6) recurrir : 호소하다, (도움을 구하고자) 뛰어오다
7) reconquistador(a) : 재정복의
8) trascendental : 획기적인, 중요한
9) inmortalizar : 영원케하다
10) el cantar de gesta : 무용찬가

Monasterio de Piedra. Zaragoza

Jura de Santa Gadea con Alfonso VI y El Cid*

Torre del Homenaje, Monasterio de Piedra. Zaragoza

6.2. El Siglo XII

La pujanza[11] de los cristianos permitió el avance espectacular de las líneas fronterizas. Durante el siglo XII fueron ocupados los ríos Tajo, Guadiana y Ebro.

La figura fundamental en el campo de la reconquista, fue el rey aragonés Alfonso I el Batallador (1104-1134). Consideró su misión como si fuese un cruzado.[12] Cuando contrajo matrimonio con la reina Urraca de León-Castilla, la nobleza y la clerecía[13] castellana opusieron a esta unión matrimonial. La renuncia de Alfonso I el Batallador al título imperial sirvió para que su hijastro, Alfonso VII de León-Castilla, se titulase a su vez <imperator>.

Cuando Alfonso VII comenzó a reinar existían entre los cristianos los núcleos

11) la pujanza : 기력, 힘
12) el cruzado : 십자군에 참가한 전사
13) la clerecía : 성직자단

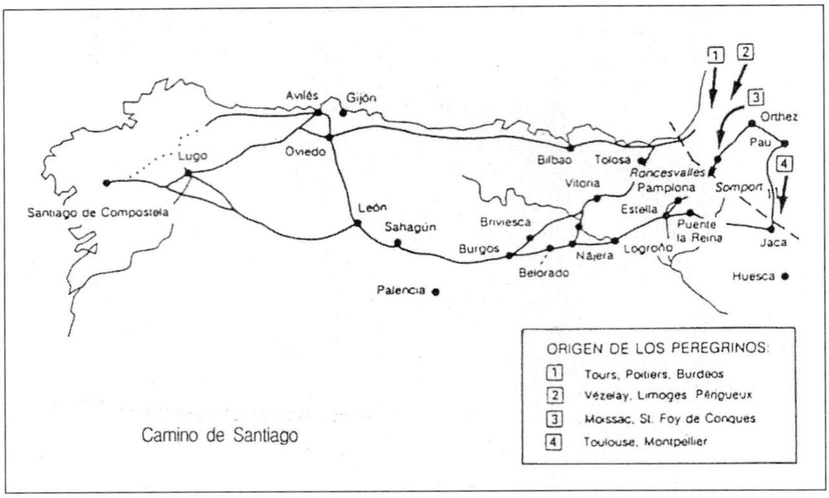

Camino de Santiago

políticos de Barcelona, Aragón–Pamplona y León–Castilla. El resultado de la política de Alfonso VII fue la disgregación[14] de los Estados cristianos, a consecuencia de su intento de instaurar el sistema feudal. En su testamento Alfonso VII establecía nueva separación entre Castilla y León. Estos necesitarían cerca de un siglo para unirse otra vez.

Respecto a Portugal, fue nacido de un condado–vasallático[15] creado por Alfonso VI para su hija Teresa. Alfonso Enríquez conquistó en 1147 Lisboa, la nueva capital, quedando separado de la comunidad peninsular.

En el este la tendencia de Aragón hacia el Mediterráneo facilitó la unión entre Aragón y el condado de Barcelona. Esta fue conocida con el nombre de Corona de Aragón. Cada uno conservó las características particulares. Entre Castilla y Aragón el reino de Navarra quedó bloqueado[16] sin fronteras con Al–Andalus.

A lo largo del siglo XII los reinos cristianos establecieron relaciones exteriores con otros europeos, formándose los dos grupos, muchas veces rivales. Por un lado, León–Castilla se relaciona con Francia. Por otro lado, Inglaterra, Portugal y Aragón. Las rivalidades ente ambos grupos llenan los siglos siguientes. Navarra se

14) la disgregación : 분리, 분산
15) vasallático(a) : 신하관계의
16) bloquearse : 봉쇄하다

Estatua de Alfonso I El Batallador*

La batalla de las Navas de Tolosa*

apoyará indistintamente[17] en cada uno de sus vecinos, según sus conveniencias.[18]

6.3. El Siglo XIII

Durante el siglo XIII, prácticamente se puede considerar terminada la Reconquista. Sólo Al-Andalus quedó reducido al reino de Granada. En esta época la delimitación de fronteras dió a cada reino conciencia de su territorialidad.

Cuando el rey de Castilla, Alfonso VIII, solicitó la ayuda para luchar contra los almohades, el Papa Inocencio III predicó[19] la Cruzada[20] contra los musulmanes. Así hubo intervenciones de cruzados compuestos[21] de castellanos, aragoneses y navarros contra los árabes en las Navas de Tolosa (1212). Fue una definitiva victoria de los reinos cristianos.

Los dos monarcas más ambiciosos del este siglo fueron Fernando III de Castilla y Jaime I de Aragón. En Castilla la reconquista supuso la conquista de las

Puente La Reina, Navarra*

17) indistintamente : 구분없이
18) la conveniencia : 편의, 편리
19) predicar : 공표하다
20) la Cruzada : 십자군 원정
21) compuesto de : ~로 구성된

principales ciudades de Extremadura como Cáceres, Badajoz, Córdoba, Sevilla y Murcia. Aragón conquistaba las Baleares y el reino de Valencia.

Respecto a Navarra, vive precariamente[22] durante el resto de la Edad Media. Cerrada su frontera meridional por Castilla y Aragón, no pudo expansionar a costa[23] de los moros. Fue objeto de codicias[24] por parte de sus poderosos vecinos, orientándose hacia Francia para conservar su independencia.

6.4. La Economía feudal

La economía feudal tuvo una importante fase expansiva durante los siglos XI-XIII. La agricultura, junto con la ganadería y la explotación de los bosques fueron las bases de la economía feudal. La agricultura era la propia de una economía de autosubsistencia.[25]

La ganadería jugaba un papel complementario por cuanto[26] facilitaba alimentos, materias primas, abonos y fuerza de tracción[27] y de combate. Sobre todo, en Castilla puede hablarse de un dominio de la ganadería. A fines del siglo XIII, Alfonso X aceptó la creación del Concejo de la Mesta.[28] Esta asociación defendía los intereses de los ganaderos. Llegó a ser muy poderosa bajo la protección de los monarcas y señores.

La propiedad de la tierra tuvo distintas modalidades[29] según el sistema de repoblación. En la Corona de Aragón se desarrollaron relativamente poco los grandes latifundios señoriales. Pero, como en Europa, tuvo gran fuerza la estructura vasallática. Por el contrario, en Castilla, se mantuvo una importante masa de pequeños campesinos libres. Los monarcas ofrecían importantes

22) precariamente : 불안정하게
23) a costa de : ~의 희생하에
24) la codicia : 욕심, 탐욕
25) la autosubsistencia : 자가 생존
26) por cuanto : ~하기 때문에
27) la fuerza de tracción : 견인력, 잡아끄는 힘
28) Concejo de la Mesta : 목장주 조합
29) la modalidad : 방식, 양식, 방법

libertades para atraer repobladores hacia la frontera, siempre peligrosa. Muchas veces, en las regiones fronterizas los campesinos eran dueños de las tierras que cultivaban.

Claustro románico. Iglesia-concatedral de San Pedro. Soria

Iglesia de San Cosme y San Damián, Burgos*

El aumento de la población, la prosperidad económica y la organización urbana fomentaron la artesanía y el comercio. El desarrollo de los intercambios comerciales supuso la difusión de prácticas mercantiles.[30] Por otra parte, la concentración de la mano de obra artesana en las ciudades supuso la aparición de los gremios[31] según los oficios. Así se explica que Santiago fuera un importante centro cultural y comercial.

6.4.1. Aparición de la Ciudad y su Papel

A partir del siglo XI, y gracias a los excedentes agrarios de producción, reapareció la ciudad. Esta iniciará la especialización en el trabajo. Sin embargo, dentro de la economía rural feudal, la ciudad apenas representó un 10% de la producción global. Por otra parte la ciudad trajo consigo el aumento de la circulación de numerario[32] y la aparición de objetos de lujo.[33]

Gracias a la prosperidad económica surgieron un núcleo de población creándose una nueva clase social, la de los burgueses. La burguesía es el nombre genérico[34] con que se conoce a la gente que apareció en las ciudades. En Castilla tuvo poca importancia porque las ciudades, en su mayoría, eran agrícola-ganaderas. Sólo en Cataluña apareció una numerosa e importante burguesía[35] formada por comerciantes y artesanos. Algunos mercaderes catalanes, bien organizados y poderosos, empujaron incluso a la monarquía a una política militar expansiva sobre las rutas comerciales.

30) la práctica mercantil : 무역 실무, 무역 관례
31) el gremio : 동업조합
32) la circulación de numerario : 화폐유통
33) el objeto de lujo : 사치품
34) genérico(a) : 종류의, 부류의
35) la burguesía : 부르주아 계급, 중산 계급

Capitel del Claustro. Iglesia-concatedral de San Pedro. Soria

Monasterio de Santa María de Sigena. Aragón

6.5. La Sociedad feudal

La sociedad cristiana de la reconquista estuvo determinada por la guerra. Los Estados cristianos del norte impusieron su potencia militar. Por una parte, se construyen mejores fortalezas. Por otra parte, pueden pagar más tropas mercenarias. Se efectúa una transformación de la caballería.

Catedral de Burgos*

La sociedad estaba estructurada en dos clases sociales fundamentales : los terratenientes y el campesinado. También había dos estamentos privilegiados.[36] Uno, la nobleza que guerrea y protege al clero y al campesinado. Y otro, el clero que reza. Para el estamento no privilegiado, está el estado llano[37], en el que se agrupaban la burguesía y el campesinado. Los campesinos representaban[38] entre el 80 y 90% de la población de los reinos.

También, existen las minorías marginadas, aparte de los esclavos y los mendigos.[39] Son dos grupos importantes a causa de su religión, e incluso raza :

36) privilegiado(a) : 특권의, 우선적인

37) el estado llano : 평민, 서민

38) representar : 나타내다

los judíos y los mudéjares. Los judíos formaban un grupo minoritario[40] de gran capacidad de trabajo. Y los mudéjares representaban un fuerte porcentaje de la población, que mantuvieron sus costumbres.

Miniatura de Las Siete Partidas (Alfonso X el Sabio)*

Libro de los Juegos, Alfonso X y su corte*

---

39) el mendigo : 거지, 걸인
40) minoritario(a) : 소수파의, 소수의

6.6. La Cultura

La cultura de los reinos cristianos se desarrolló fundamentalmente entre los siglos X y XV con la importancia extraordinaria de la Iglesia. A través de la literatura y del arte, la Iglesia procuró reforzar y justificar la estructura feudal.

Desde el siglo VIII y por debajo de las dos lenguas literarias, árabe y latín, debieron desarrollarse variantes[41)] romances. Eran fuertemente entroncados[42)] con el latín vulgar. Dentro de Al-Andalus se desarrolló el mozárabe. Y en los reinos cristianos se desarrollaron el gallego, el leonés, el castellano, el aragonés, y el catalán principalmente.

Los dominios lingüísticos aparecían ya plenamente establecidos. Y ayudaban a desarrollar la idea de reino-territorio-nación. La aparición y confirmación de los romances permitió aumentar el nivel cultural de la burguesía. Desde entonces el latín se vió reducido su ámbito[43)] a la vida eclesiástica y universitaria.

Durante el siglo XIII se continuó la obra de las Escuelas de Traductores de Toledo. Puso a disposición[44)] del Occidente toda la ciencia antigua. En leonés, el Libro de Alezandre; en castellano, además de la obra de Berceo, el poema de Fernan González; en catalán la obra de Ramón Llull y en gallego la poesía lírica de las Cantigas[45)] de Alfonso X. Así es innegable que su labor fue importante por cuanto se convirtieron en difusores de la cultura islámica.

Además durante el siglo XIII las primeras universidades o estudios generales aparecen en Portugal y en Castilla-León. El primer estudio general castellano-leonés nació en Palencia (1212). La primera universidad importante fue la de Salamanca (1218). Esta adquirió un gran desarrollo a partir del reinado de Alfonso X.

---

41) variante : 다양한, 여러가지의
42) entroncar : 관계를 맺다, 같은 혈통을 갖다
43) el ámbito : 영역, 범위
44) poner a disposición : ~할 준비가 되어있다
45) la cantiga : 가곡, 노래

6.7. El Arte

Es la otra manifestación de la mentalidad de la Iglesia. Se trata de un arte hecho por minorías, cada vez más especializadas. Desde el siglo XI al XIII se desarrolló el arte románico, el estilo más representativo de la estructura feudal. En dos direcciones fundamentales : Cataluña por una parte y el Camino de Santiago por otra.

El arte románico produce grandes catedrales en Santiago, Zamora y Salamanca. Edifica magnos monasterios e iglesias de primordial interés, como San Martín de Frómista, San Isidoro de León ...

También la escultura y la pintura románica florecieron[46)] en España. El pórtico de la Gloria, de la catedral compostelana, es la obra maestra. Joyas magníficas son, asimismo, los pórticos de San Vicente de Avila, Santa María de Sanguesa y catedral de Orense.

La obra representa el Pórtico de la Gloria de la catedral de Santiago de Compostela, en Galicia*

46) florecer : 꽃피우다, 번영하다

7. Crisis y Transformaciones de los Siglos XIV y XV

Durante los siglos XIV y XV se produce una crisis en el mundo medieval. A fines de siglo XIII el modo de producción feudal había llegado al límite de sus posibilidades de desarrollo. Era cada vez más difícil conseguir un aumento de recursos alimenticios[1)] a la medida que se aumentaba la población. Cuando este equilibrio se rompió dunrante el siglo XIV, se produjo una crisis general de todo el sistema en los aspectos político, económico, social y cultural.

A fines del siglo XV se establecieron monarquías autoritarias[2)] en casi todos los Estados europeos. Las estructuras socio-económicas sobrevivieron. En España se mantuvieron hasta bien avanzado el siglo XIX e incluso el XX en algunos aspectos.

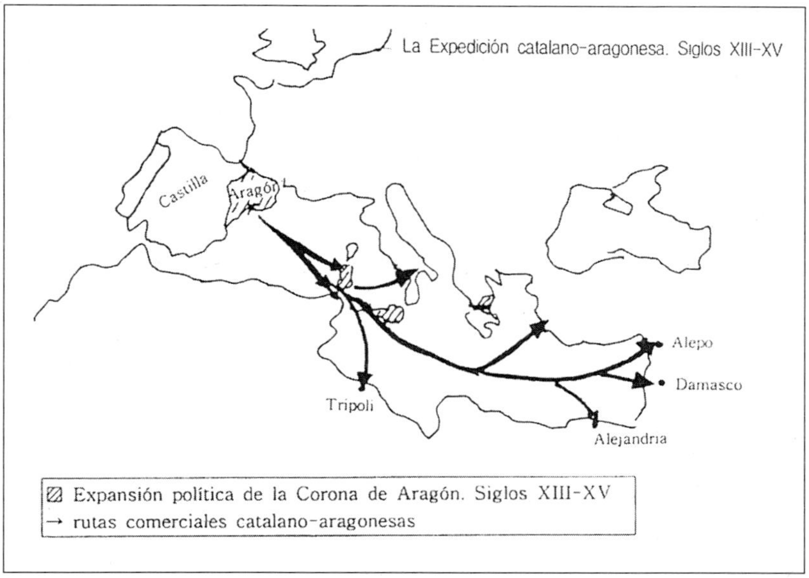

1) alimenticio(a) : 식량의
2) la monarquía autoritaria : 권위주의를 지향하는 군주제

7.1. Crisis del Siglo XIV y sus Consecuencias

Antes de entrar en la evolución de los reinos cristianos debemos analizar las causas de la crisis del siglo XIV y sus consecuencias. Desde el punto de vista económico la Peste Negra[3)] y las epidemias representaron un golpe muy duro. La población hispánica se quedaba estancada[4)] en el siglo XIV, aunque se recuperaba lentamente en el siglo siguiente.

Como sus consecuencias inmediatas se conocen los problemas siguientes : los despoblamientos campesinos, la intensificación del bandidaje[5)], la falta de cargos públicos[6)], el aumento de los salarios agrícolas y urbanos, etc.

Esta crisis económico-demográfica afectó claramente a la estructura social feudal. Cada grupo social adquirió conciencia de los intereses económicos de clase. Se afloran[7)] las luchas de clases de diversos tipos. La inestabilidad política y social de la Baja Edad Media perturbó[8)] la vida de todas las regiones.

Desde el punto de vista político los siglos XIV y XV vieron desarrollarse luchas entre el rey y la nobleza. La monarquía consiguió, aprovechando políticamente las luchas de clases sociales, establecer su autoridad dentro de Estados nacionales. En estos siglos existían en España tres núcleos políticos cristianos, la Corona de Castilla, la Corona de Aragón y el reino de Navarra, además del reino musulmán de Granada. Estos núcleos importantes tuvieron variantes sustanciales en su evolución, que vamos a estudiarlos por separado.

7.2. Castilla

Debido a su estructura económica, Castilla resistió mejor los efectos de la crisis

3) la Peste Negra : 흑사병
4) estancar : 정지하다, 가라앉다
5) el bandidaje : 도적질
6) el cargo público : 공직, 관직, 공무
7) aflorarse : 나타나다
8) perturbar : 동요시키다. 어지럽히다

Castillo de Coca. Segovia

del siglo XIV. Durante los siglos XIV-XV, la monarquía castellana acabó imponiendo[9] su autoridad sobre la nobleza. Los monarcas castellanos pudieron contar[10], en este enfrentamiento, con la ayuda de fracciones[11] nobiliarias y con las Hermandades[12] de ciudades castellanas.

En una primera etapa (1280-1349) se planteó el enfrentamiento entre la nobleza y la monarquía de Alfonso X. La segunda etapa (1349-1419) fue mucho más violenta porque coincidió con la crisis económica. Pedro I el Cruel quiso robustecer[13] la monarquía como su padre Alfonso XI. Ante este autoritarismo, la alta nobleza castellana dirigió un enfrentamiento frontal con el monarca, elevando al trono a su hermanastro[14] Enrique de Trastámara. Este asesinó al rey en Montiel (1369).

La guerra adquirió carácter internacional con intervención de Francia y Inglaterra en una etapa marginal de la Guerra de los Cien Años. A partir de entonces la nueva dinastía Trastámara se vio obligada a conceder grandes señoríos[15] a la nobleza que la había apoyado al trono. Estas concesiones a la

9) imponer : 강요하다, 과하다
10) contar con : ~을 기대하다, 가지다
11) la fracción : 분당, 파벌
12) las Hermandades : (15~16세기의) 시민경찰
13) robustecer : 강화하다
14) el hermanastro : 이복동생

nobleza provocaron nuevos movimientos antiseñoriales, especialmente en Galicia.

La tercera y última etapa se extiende desde la mayoría de edad de Juan II (1419) al tratado de Alcaçovas. Este pone fin[16] a la guerra civil por el trono entre la hija de Enrique IV, Juana, y la hermanastra del mismo rey, Isabel. Pero a la muerte de Enrique IV, el bando[17] aragonés se impuso en la guerra civil(Batalla de Toro). Y los nuevos monarcas, Reyes Católicos, establecían definitivamente una sólida monarquía autoritaria.

7.3. La Corona de Aragón

La problemática general es bastante más complicada, en su desarrollo, que la de Castilla. A mediados[18] del siglo XIV, en la Cataluña los campesinos remensas[19] representaban cuarto de la población. Solicitaban la libertad personal comprometiéndose a pagar el dinero muy sustancioso a la monarquía. Aunque los reyes no comprendieron jamás el problema social de fondo, apoyaron el movimiento campesino.

Durante estos siglos Aragón produjo la expansión económica en el Mediterráneo, sobre todo en el oriental. Por el motivo comercial, en cierto modo los comerciantes catalanes obligaron a sus monarcas a reafirmar militarmente su dominio comercial. Durante el reinado de Jaime II (1291-1327) tuvo lugar la expedición militar[20] de mercenarios, llamados almogávares. Estos eran tratados por el Imperio bizantino para luchar contra los turcos. Pero el asesinato del jefe de los almogávares, Roger de Flor, hizo dominar aquel imperio por los mercenarios creando un Estado vasallo[21] de la Corona de Aragón en Atenas y Neopatria.

---

15) el señorío : 영지
16) pone fin a : ~에 종지부를 찍다, 결말내다
17) el bando : 도당
18) a mediados de : ~의 중간 쯤에
19) el remensa : Cataluña 지방의 농부 명칭
20) la expedición militar : 군사원정
21) el Estado vasallo : 신하국가, 속국

A comienzos del siglo XV hubo una crisis monárquica. La muerte sin herederos directos de Martín I el Humano (1410) planteó un problema sucesorio. En esto intervinieron diversos intereses. Los compromisarios[22)] de los tres estados eligieron en Caspe al pretendiente Fernando de Antequera, hermano del rey de Castilla, Enrique III.

Los primeros Trastámara se vieron obligados a aceptar el pactismo[23)] y a consolidar el poder de las Cortes[24)] y las Diputaciones.[25)] Pero los hijos de Fernando I, Alfonso V y Juan II decidieron enfrentarse a la oligarquía catalana para establecer una monarquía autoritaria. Así hubo conflictos políticos y sociales en Cataluña, dando lugar a una guerra civil durante el reinado de Juan II (1458-1479). Al lograrse la paz, el fin de la guerra civil representó la ruina total de Cataluña y su decadencia política.

Catedral de Sevilla

---

22) compromisario(a) : 선거위원
23) el pactismo : 계약주의, 협정주의
24) las Cortes : 의회
25) las Diputaciones : 의원단

7.4. Navarra

Encerrado entre Castilla, Aragón y Francia, el reino de Navarra osciló durante los siglos XIV y XV entre la influencia de estos estados. Los monarcas navarros procuraron conseguir una salida al mar. Querían mantener una política de equilibrio con sus vecinos, apoyándose preferentemente en Aragón.

El matrimonio entre Blanca, princesa de Navarra, y Juan, futuro rey de Aragón, provocó una larga etapa conflictiva. Esta fue iniciada a la muerte de la reina (1444) a causa de la confusión de su testamento.[26)] Sin embargo la subida al trono de la Corona de Aragón de Juan II pareció que la lucha se solucionaba. Pero su hijo Fernando empezó a intervenir para equilibrar la influencia francesa. A principios del siglo XVI Castilla incorporaría[27)] Navarra tras una breve campaña militar.

7.5. La Economía

La economía castellana continuó siendo una economía primaria, agrícola y ganadera. Demográficamente, las pestes del siglo XIV afectaron gravemente a Castilla. Pero sus efectos fueron menos duraderos que en la España mediterránea. Durante estos siglos Castilla tenía un desarrollo unilateral[28)] vinculado a la exportación de la lana. Los primeros grandes privilegios dados a la Mesta, corporación de ganaderos trashumantes[29)], son aproximadamente contemporáneos[30)] de la Gran Peste.

Muchos nobles dedicaron sus campos despoblados a la ganadería. Los reyes obtenían importantes ingresos por impuestos sobre trashumancia de ganado y por exportación de lanas. La circulación de los trashumantes aumenta el comercio

---

26) el testamento : 유언
27) incorporar : 합치다, 통합하다
28) unilateral : 일방적인
29) trashumante : 이동하는(계절적으로)
30) contemporáneo(a) : 동시대의, 현대의

interno de Castilla. Y favorece ferias como la de Medina del Campo. Mirando hacia el exterior los <consulados[31]> de Burgos y Bilbao aseguran la exportación de lanas merinas.[32]

Monasterio de Santes Creus. Tarragona*

En cuanto a Aragón, la agricultura era también la actividad económica principal. Pero los fundamentos básicos de la expansión económica deben buscarse en la vitalidad[33] de los negocios artesano-comerciales. Monarquía catalano-aragonesa y burguesía barcelonesa acabaron creando un imperio económico-territorial en el Mediterráneo.

Sobre todo la actividad mercantil fue importante bajo la protección de la Corona.

31) el consulado : 영사관, 영사 관할 구역
32) la lana merina : 메리노종의 양털
33) la vitalidad : 활기

Existía una red de cónsules en diversas ciudades y puertos del Mediterráneo. Así, la institución llamada <Consulado de Mar> hizo reunir en Barcelona y en Valencia a las personas interesadas en el comercio y en la navegación.[34]

7.6. La Sociedad

En la sociedad hispánica existían dos grandes grupos : los dominantes y los dominados.[35] En el primer grupo la nobleza disfrutó[36] de un estatuto jurídico privilegiado que obtenía cargos políticos, beneficios y jurisdicciones. En Castilla la alta nobleza alcanzó su mayor fuerza. También el clero tenía los mismos privilegios que la nobleza. Muy próxima a esta nobleza estaba la burguesía. Esta apareció en las ciudades constituyéndose la oligarquía urbana.

En el grupo de los dominados estaban los campesinos y las minorías marginadas.[37] Los campesinos representaban casi la mayoría de la población en los reinos cristianos. En las ciudades vivían trabajadores dedicados a oficios diversos. En el escalón más bajo de la sociedad estaban los esclavos y mendigos. Sin trabajo y sin recursos económicos, eran muy abundantes. También entre la clase marginada existían dos importantes minorías a causa de religión y raza. Fueron los judíos y los mudéjares.

La impopularidad[38] de los judíos fue manipulada por la nobleza, la Iglesia y la burguesía. Los judíos representaban un 5 % de la población castellana, un 7 % en la Corona de Aragón y un 3 % en Navarra.

Respecto a los mudéjares, los musulmanes, representaban un cuarto de la población en la Corona de Aragón y un vigésimo[39] de la población total de Castilla. No provocaron una grave intolerancia debido a su escasa riqueza y su

---

34) la navegación : 항해
35) el dominado : 피지배자
36) disfrutar de : ~을 향유하다, 즐기다
37) la minoría marginada : 소외된 소수
38) la impopularidad : 인기가 없음, 평판이 좋지 못함
39) un vigésimo : 20분의 1

poca cultura. Pero sufrieron un generalizado desprecio. Estos dos últimas razas mantuvieron sus costumbres. Y tuvieron sus barrios en las ciudades.

7.7. La Organización política

Desde el punto de vista político los siglos XIV y XV vieron desarrollarse, en líneas generales, las luchas entre el rey y la nobleza. En Castilla existe una compleja centralización administrativa. Los elementos básicos son Consejo Real[40), para asesorar al rey, la Audiencia o Tribunal Supremo de Justicia y la Hacienda para administrar los bienes de la Corona. A lado del equipo real aparecen plenamente formadas las Cortes con la función legislativa. Las Cortes tuvieron mucha importancia en Castilla, Aragón y Navarra.

También existen las instituciones municipales. El municipio alcanza su máximo desarrollo en esta época. Influye todos los aspectos de la vida social, especialmente en la emancipación[41) de las clases semiserviles. En las ciudades las oligarquías ternminaron por controlar la administración local, provocando frecuentes conflictos político-sociales.

7.8. Cultura y Arte

El siglo XIII representó, por una parte, la culminación de la mentalidad monacal -caballeresca. Y por otra, aparece una nueva manera de entender la vida y el mundo según el punto de vista de la burguesía. La fe en el hombre y la búsqueda de la cultura clásica dieron lugar al Humanismo[42) y al Renacimiento.[43)

---

40) el Consejo Real : 왕정위원회(내각)
41) la emancipación : 해방
42) el Humanismo : 인문주의
43) el Renacimiento : 르네상스, 문예부흥

Calvario. Catedral vieja. Lérida

Crucifijo. Iglesia de San Martín. Lérida

Santiago peregrino. Iglesia de San Jaime. Lérida

La cultura se secularizó.[44] Las monarquías intervinieron en este proceso, protegiendo a las universidades. A partir de la segunda mitad del siglo XIV, las obras literarias reflejan fielmente la sociedad y las costumbres de la época. Destacan Juan Ruiz, el Arcipreste de Hita, autor del Libro del Buen Amor, Don

44) secularizarse : 세속화하다

Juan Manuel y etc.

Respecto al arte, la nueva corriente del arte arquitectónico dejó de su paso por España excelentes ejemplos. El arte gótico es un arte burgués, más rico en Cataluña y Valencia. La madurez del gótico viene dada por las tres catedrales en el siglo XIII : Burgos, Toledo y León. Junto a la arquitectura religiosa, desarrolló una muy rica arquitectura civil en Aragón y Cataluña. Sus manifestaciones artísticas están en el Barrio Gótico de Barcelona.

También existe la arquitectura mudéjar. Es una arquitectura de estructuras románicas, góticas o incluso renacentistas, hecha por albañiles[45] mudéjares. El núcleo gótico-mudéjar, en los siglos XV-XVI, pueden encontrarse preferentemente en Extremadura y en Aragón, como monasterio de Guadalupe y catedral de Tarazona respectivamente.

El estilo gótico tuvo también manifestaciones en escultura y pintura. La escultura gótica supera el esquematismo simbolista románico para estilizarse[46] en formas más naturales y humanas. En España existen varios estilos europeos como el gótico francés, el italiano y el flamenco. La pintura gótica se trata de una pintura sobre tabla.[47] En el siglo XV adquiere la técnica de la pintura al óleo[48] sobre tela.[49]

45) el albanil : 석공
46) estilizarse : 양식화하다
47) la tabla : 판자
48) la pintura al óleo : 유화
49) la tela : 천

8. España bajo los Reyes Católicos

El título de <Católicos> lo concedió el Papa al matrimonio de Isabel, heredera de la Corona de Castilla, con Fernando, rey de Aragón. Se ha impuesto la costumbre de llamarlo así desde el advenimiento[1] de Isabel I en 1474. Esta fecha marca sin lugar a dudas[2] el principio de una gran época para España. Y la realización de una unidad territorial presupone[3] una unión de tipo matrimonial y el control de las restantes zonas de la Península.

Fernando el Católico de Aragón

Isabel la Católica de Castilla

Los frutos de la unión dinástica entre Castilla y Aragón no se agotaron con los esfuerzos encaminados a la unidad peninsular. Sobre todo, con el descubrimiento de América España asumía[4] la responsabilidad de llevar la civilización europea del

---

1) el advenimiento : 즉위, 등극
2) sin lugar a dudas : 의심할 여지없이
3) presuponer : 예상하다
4) asumir : 인수하다, 떠맡다

Renacimiento al Nuevo Mundo.[5] Con ello quedaban sentadas las bases para la hegemonía hispánica en el mundo.

8.1. La Unión de Tipo matrimonial

Fue realizada entre Isabel de Castilla y Fernando de Aragón, tras una guerra civil. La victoria de Toro inclinó definitivamente a Castilla hacia la Corona de Argón. Se trataba de una unión de tipo personal, por cuanto ambos reinos iban a tener desde entonces los mismos monarcas.

Pero no significaba un estado centralizado y unificado, suponiendo el triunfo de la concepción federal[6] catalano-aragonesa. Mantenía separados los asuntos internos de cada reino, pero unía los esfuerzos en la política internacional. Incluso se mantuvieron separadas las zonas de influencia como Italia-Aragón y América-Castilla. La unión de ambos reinos produjo la hegemonía de Castilla por su superioridad demográfico-económica y por la residencia y castellanización[7] de los monarcas.

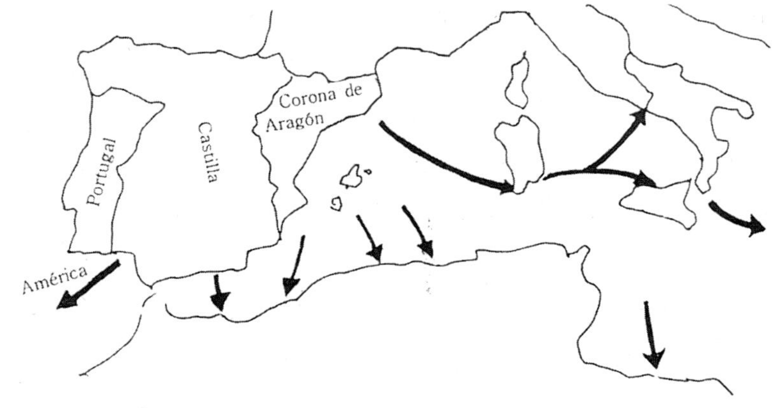

La Política mediterránea de los Reyes Católicos

5) el Nuevo Mundo : 신세계
6) la concepcion federal : 연방개념
7) la castellanización : 까스띠야화

De la fragilidad[8] de la unión en los primeros momentos nos dan idea los problemas que se plantearían a la muerte de Isabel (1504). También puede adivinarse[9] la fragilidad en la no realización de la integración económica de ambos reinos.

8.2. La Política internacional

A partir de 1479, los Reyes Católicos pudieron afrontar un objetivo esencial : completar la unidad ibérica con la conquista de Granada, establecer las bases para la incorporación de Portugal, preparar la anexión de Navarra y recuperar los condados de Rosellón y Cerdaña.

En la orientación de la política extrapeninsular[10], se identificaron plenamente con las tradiciones diplomáticas de la Corona de Aragón en el Mediterráneo. La aportación de Castilla a las directrices[11] de la política internacional se centró especialmente en las expansiones atlántico-africanas. Como las consecuencias, en 1492 Cristóbal Colón descubría América. Algunos hechos básicos son:

1) Unidad Territorial : La conquista del reino de Granada representó el final de la Reconquista. Fue una guerra difícil por el desorden inicial y por la resistencia desesperada de los musulmanes. La guerra duró once años.

   La conquista de Navarra la efectuó el rey Fernando aprovechando una coyuntura propicia facilitada por la rivalidad[12] hispano-francesa en Italia.

   En cuanto a Portugal, también los Reyes Católicos intentaron la unión con otros procedimientos. La política matrimonial puso especial interés en procurar la unión. Sin embargo, no tuvo resultado inmediato. Pero la muerte sin sucesión de los reyes de Portugal hizo caer la corona en Felipe II (1580).

---

8) la fragilidad : 나약함
9) adivinarse : 추측하다
10) extrapeninsular : 반도 밖의, 반도 외부의
11) la directriz : 지시, 지령
12) la rivalidad : 적대심, 적대관계

Miniatura del Libro de Felipe el Hermoso. Museo del Patriarca. Valencia

2) Guerras de Italia : La monarquía de los Reyes Católicos impuso la política exterior de la Corona de Aragón en Italia y el Mediterráneo. Los Reyes Católicos montaron todo un sistema de alianzas matrimoniales para desarrollar la línea política antifrancesa. Juan y Juana, hijos de los Reyes Católicos, se unieron con los hijos del emperador de Austria, Maximiliano. Otra hija, Catalina, se casó con Eduardo de Inglaterra, y luego, con Enrique VIII. Fernando acabó conquistando Nápoles tras las brillantes campañas del Gran Capitán, Gonzalo Fernández de Córdoba.

3) Rutas africano-atlánticas : Pero al mismo tiempo iniciaron dos nuevas líneas de expansión. Una, en el norte de Africa, como prolongación[13] del espíritu de Reconquista. Las islas canarias fueron conquistadas hacia el año 1500, quedando sometidas y cristianizadas. Y otra línea de expansión territorial, en las rutas del Atlántico hacia América, que descubría Colón en el 12 de octubre, 1492.

Cristobal Colón entre Los Reyes Catolicos*

13) la prolongación : 연장, 연기

8.3. La Política interior

Los Reyes Católicos procuraron crear una estructura de gobierno, una máquina de poder que les permitiera imponer su autoridad. Esa máquina de poder se consistirá en unos órganos de gobierno y justicia, un ejército permanente, un complejo equipo diplomático y la reorganización de las fianzas para poder subvencionar[14] los nuevos gastos. Sobre todo la reina Isabel procuró terminar con el bandolerismo[15] de la pequeña nobleza en Galicia y Andalucia a través de la creación de la Santa Hermandad.[16] Esta fue encargada de mantener el orden en el reino de Castilla, con funciones de policía y judiciales.

8.3.1. La Unidad religiosa

La realización del pensamiento de los Reyes Católicos requería también la unidad espiritual. España tenía problemas que no se manifestaban en otros países de Europa. La unidad nacional tropezaba con grandes obstáculos de raza, religión y de economía. A lo largo de toda la Edad Media los judíos habían constituido en los reinos hispánicos una minoría culta, rica y, en general, bien acogida.[17]

Su riqueza les atrajo la enemistad tanto de la nobleza como de la Iglesia, e incluso del pueblo. Las persecuciones[18] fueron motivadas por la crisis general del siglo XIV. Este hecho hizo que muchos judíos decidieron recibir el bautismo[19] para escapar a las persecuciones y matanzas.

Esto llevó a los Reyes Católicos a variar su actitud primera de tolerancia. Y soilcitaron del Papa permiso para establecer en Castilla un tribunal del Santo Oficio[20]

---

14) subvencionar : 후원하다
15) el bandolerismo : 도적질
16) la Santa Hermandad : 시민결사대
17) acoger : 받아 들이다, 비호하다
18) la persecución : 추적
19) el bautismo : 세례
20) el tribunal del Santo Oficio : 종교재판소

Retablo de la Catedral vieja de Salamanca, Nicolás Florentino

o de la Inquisición[21] bajo su control. Políticamente, la Inquisición constituía la única institución común a todos los reinos de la Monarquía hispánica. En Sevilla se estableció el primer tribunal, a cargo de dos frailes dominicos. Se efectuaron los primeros autos de fe.[22] Desde Sevilla la Inquisición se extendió a todo el Estado con la misma dureza.

El proceso antisemita[23] de la España desembocó en 1492 en el decreto real[24] de expulsión de los judíos. Las judios que salieron de España fueron de 120 a 150.000 en los cuatro meses de plazo. Los expulsados crearon comunidades en Portugal, norte de Africa y Mediterráneo Oriental. Sus descendientes fueron llamados como los sefardíes. Todavía hoy en día conservan el precioso vocabulario del siglo XVI. Este hecho trajo las consecuencias negativas para España porque muchos judíos dejaban de ejercer sus actividades artesanales y mercantiles.

Estatua yacente de Fernando el Católico. Capilla Real de Granada

21) el tribunal del la Inquisición : 종교재판소
22) el auto de fe : 화형(종교재판의)
23) antisemita : 반 셈족의, 반 유대인의
24) el decreto real : 왕정령

Sepulcro de Cardenal Cisneros en la Capilla de San Ildefonso de la Universidad de Alcalá*

En cuanto a los mudéjares, los musulmanes vivían pobres en un ámbito rural. No eran temidos como los judíos. Sin embargo se vieron obligados a aceptar la religión cristiana si no querían ser expulsados. Por otro lado, en los primeros años de su reinado continuaron una política eclesiástica. Esta significaba la reforma del clero a cargo del cardenal Cisneros.

8.3.2. Las Regencias[25)]

Isabel la Católica falleció el 25 de noviembre de 1504. Hizo un testamento[26)] que dejó por heredera a su hija, Juana, también llamada Juana la Loca, y como regente a su esposo, Fernando el Católico. El estado de salud mental de Juana no la permitía encargarse[27)] del gobierno. La primera regencia del rey Fernando se vio

25) la regencia : 섭정
26) el testamento : 유언, 유언장
27) encargarse de : ~을 인수하다, 떠맡다

perturbada por las ambiciones de su yerno, Felipe el Hermoso, apoyado por la nobleza castellana y su padre, el emperador Maximiliano.

Con el nuevo matrimonio de Fernando, el rey se retiró a sus Estados de Aragón para evitar una guerra civil. Entre Fernando y su yerno, Felipe el Hermoso, pareció lograrse por la Concordia[28] de Salamanca en 1505. En Castilla gobiernan conjuntamente[29] como reyes Juana y Felipe. Y el rey católico como gobernador perpetuo.[30] Pero la inesperada muerte de don Felipe le obligó a encargarse nuevamente de la regencia. Durante la segunda regencia de Fernando el Católico se organizaron expediciones militares anexionando[31] el reino de Navarra a la unidad peninsular.

Juana la Loca*

28) la concordia : 협약
29) conjuntamente : 함께, 같이
30) perpetuo(a) : 영원한
31) anexionar : 병합하다, 합병하다

En su testamento el rey nombraba heredero de sus Estados patrimoniales a su nieto, Carlos, primogénito[32] de Juana la Loca y Felipe el Hermoso. Como regente, a su hijo natural, Alfonso de Aragón. Carlos era también heredero de Castilla, cuya regencia asumió el cardenal Cisnero.

8.4. La Economía

Castilla tuvo mayor importancia en la economía por su densidad de población.[33] Los Reyes Católicos continuaron y fortalecieron el sistema económico-social de la Baja Edad Media. Los reyes apoyaron en la ganadería lanar[34], ya que implicaba la exportación de una materia prima.[35] Esta protección a la ganadería perjudicó[36] a la agricultura. Y repercutió gravemente sobre la deforestación[37] peninsular.

La circulación de los trashumantes aumenta el comercio interno de Castilla. Sobre todo, el comercio internacional tuvo gran importancia con el descubrimiento de América y la exportación de lana en bruto.[38] Sevilla fue el núcleo comercial importante de Europa a mediados del siglo XVI.

El estímulo de la fuerte demanda americana pudo haber actuado como un acicate[39] para mejorar los rendimientos de la producción castellana. Pero la producción industrial fue muy limitada. La necesidad creciente para abastecer América hizo recurrir[40] a la producción extranjera.

---

32) primogénito(a) : 장남
33) la densidad de población : 인구밀도
34) la ganadería lanar : 양목업
35) la materia prima : 원자재
36) perjudicar : 손해를 끼치다
37) la deforestación : 산림 황폐화
38) en bruto : 가공하지 않은
39) el acicate : 박차, 자극
40) recurrir a : ~에 호소하다, ~에 도움을 청하다

8.5. La Sociedad

En cuanto a la sociedad, los Reyes Católicos sometieron la gran aristocracia bajo su control. La alta nobleza ejerció el poder ejecutivo subalterno[41] gracias al favor real. Pudo acumular sus riquezas consolidando su poder económico con perjuicio de los intereses populares.

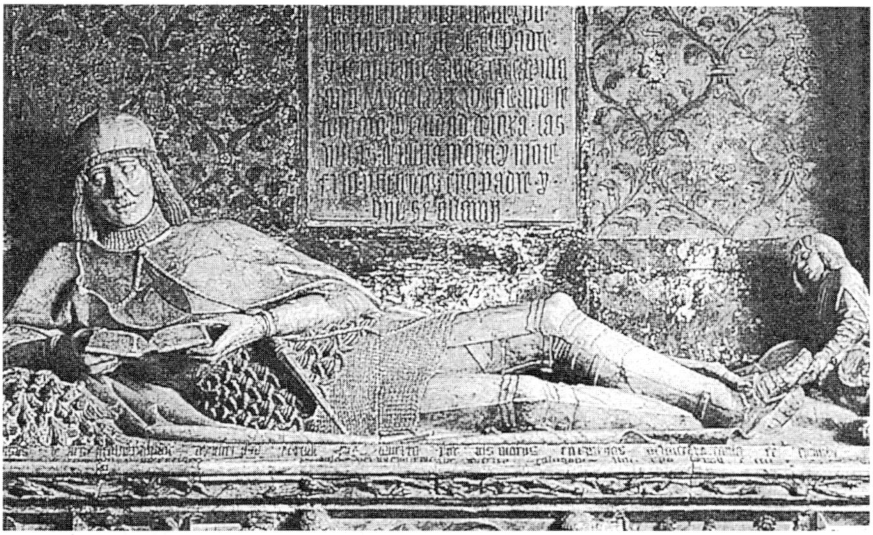

Sepulcro del Doncel. Catedral de Sigüenza. Guadalajara

Las clases medias proporcionaron los letrados[42] de los Consejos. Y experimentaron los beneficiosos efectos de la recuperación económica. Los Reyes Católicos eliminaron las clases medias disidentes[43] como los judíos, falsos conversos. Se identificaron con la corriente mayoritaria partidaria de afirmar la unidad espiritual del país. La burguesía no estaba lo suficientemente desarrollada como para ofrecer un posible soporte[44] a los reyes.

---

41) subalterno : 하급의
42) letrado(a) : 학자, 박식한 자
43) disidente : 의견이 맞지않는, 다른 의견을 주장하는
44) el soporte :지지, 지탱

En el escalón más bajo había un gran número de pequeños y medios campesinos. Disfrutó de prosperidad económica, pero no de jurídica. En la masa campesina existe unas variantes regionales.

8.6. Cultura y Arte

En el tránsito del siglo XV al XVI, coincidiendo con la introducción del humanismo renacentista.[45] El castellano adquiere una expresión literaria sorprendentemente perfecta. El renacimiento español es una síntesis armoniosa entre la tradición hispánica y la apertura hacia las inquietudes[46] renacentistas.

Durante el reinado de los Reyes Católicos hubo protección de la cultura. Su consecuencia trae el establecimiento de caracterizados[47] intelectuales italianos en España. El humanista más importante fue Antonio de Nebrija. Era un gran latinista y autor del Arte de la Lengua castellana, la primera gramática de la lengua vulgar.

El castellano se impondría[48] a las demás lenguas peninsulares, afirmando la neta[49] supremacía de Castilla en los dominios de la literatura. Incluso se convertiría en un idioma universal, gracias al descubrimiento de América y a la difusión de la imprenta.[50] En la misma época Fernando de Rojas publicó La Celestina. Esta gran obra literaria recoge los elementos medievales y renacentistas.

Respecto al arte, el dominio de las artes plásticas[51] se manifiesta en los tiempos de los Reyes Católicos. En arquitectura el gótico final hispánico produce el estilo llamado <de los Reyes Católicos>, o <de Isabel>. Los monumentos más característicos son la Cartuja de Miraflores, la Iglesia de San Juan de los Reyes de Toledo, los colegios de San Pablo y San Gregorio de Valladolid ...

---

45) el humanismo renacentista : 르네상스의 인문주의
46) la inquietud : 불안, 초조, 우려
47) caracterizado(a) : 현저한, 특징이 있는
48) imponerse a : ~을 압도하다, 누르다
49) neto(a) : 순수한
50) la difusión de la imprenta : 인쇄 보급(확산)
51) las artes plásticas : 조형예술

Muy pronto se introducen las formas renacentistas, en principio sólo en el aspecto decorativo. Pero fachadas[52] e interiores de edificios se cubren de profusa[53] decoración inspirada en motivos clásicos. El estilo denominado plateresco[54] alcanza una brillantez extraordinaria en Salamanca. Se extiende por Castilla la Nueva y Andalucía. Destacan la fachada de la Universidad de Salamanca, el convento de San Esteban y el ayuntamiento de Sevilla.

También en la escultura y la pintura, a la influencia borgoñona y flamenca se superpone[55] progresivamente la italiana. El resultado máximo es la obra de Alonso de Berruguete. Es un castellano formado en Italia e influido por Miguel Angel.

Portada plateresca de la Universidad de Salamanca

52) la fachada : 정문, 정면, 건물외관
53) profuso(a) : 다량의, 풍부한
54) plateresco(a) : 16세기 금은 세공사가 사용한 장식의(기법)
55) superponerse : 포개지다, 겹치다, 우선하다

9. Descubrimiento y Colonización de América

El objetivo esencial de la época de los grandes descubrimientos geográficos consistió en llegar a la India. Los pueblos peninsulares, España y Portugal, se colocaron resueltamente[1] a la cabeza del movimiento, sintetizando[2] las siguientes experiencias : la tradición mediterránea de la cartografía[3] mallorquina y las exploraciones de portugueses, andaluces y castellanos por el Atlántico.

En este momento a Portugal se le ofrecen dos posibles rutas hacia las Indias, la tierra rica en especias. Una, continuar la ruta descubierta por Bartolomé Días a través del Océano Indico.[4] Otra, aceptar la idea de Cristóbal Colón. es decir, seguir una ruta marítima para llegar a las Indias navegando por el Atlántico en dirección oeste.

9.1. Descubrimiento de América

Una vez rechazado el proyecto de Colón por Portugal, aquel genovés llegó a España. Y expuso sus planes a los Reyes Católicos. Después de unas gestiones largas y difíciles, los Reyes Católicos se decidieron[5] a patrocinar[6] la empresa por las llamadas capitulaciones[7] de Santa Fe, el 17 de abril de 1492.

En ellas se fijaban los derechos de los reyes y de Colón. El marino recibía los títulos de Almirante y Virrey[8] y la décima parte de los beneficios obtenidos en la empresa.

1) resuelto(a) : 대담한, 과감한
2) sintetizar : 총괄하다
3) la cartografía : 지도 제작법
4) el Océano Indico : 인도양
5) decidirse a + inf : ~할 결심하다
6) patrocinar : 후원하다
7) la capitulación : 협정
8) el virrey : 부왕

Grabado de la Carta de Cristóbal Colón de 1493

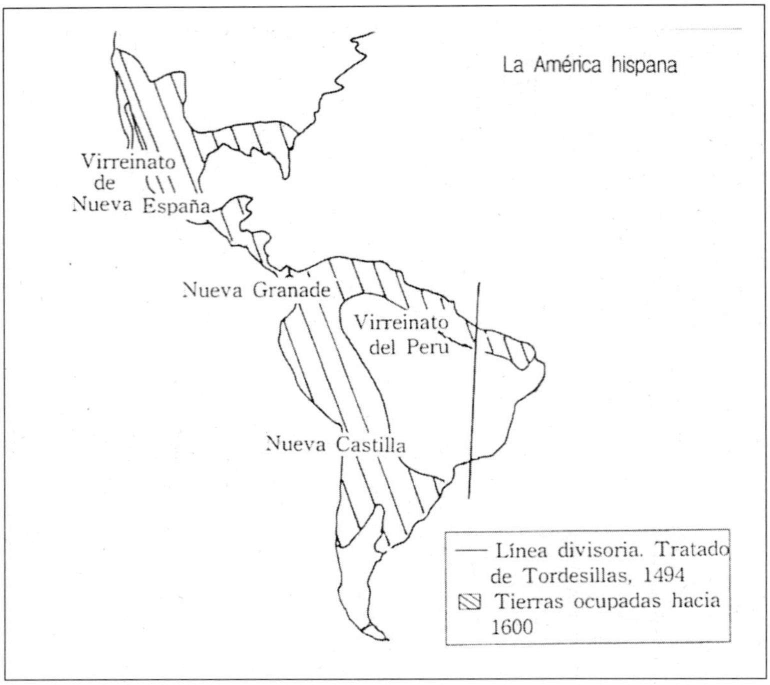

El día 3 de agosto salió Colón del puerto de Palos de Moguer (Huelva) con tres barcos. Después de una escala[9] en las Canarias, Colón y sus hombres abordaron[10] el continente americano por el rosario[11] de islas. Hasta entonces, el almirante estaba convencido de que había llegado a las Indias. No sospechó que se trataba de un mundo nuevo, distinto del asiático, hasta su muerte.

9.1.1. Tratado de Tordesillas

Después del descubrimiento de América, los Reyes Católicos se preocuparon en seguida por obtener las garantías legales sobre las tierras descubiertas en las Indias. Querían fortalecer sus derechos con la autorización pontificia[12] para igualarlos a los del monarca portugués. Sin pérdida de tiempo, la solicitó del Papa Alejandro

9) la escala : 규모, 기항, 사다리
10) abordar : 접근하다, ~에 들어가다
11) el rosario : 열도
12) pontificio(a) : 교황의

VI. Este sancionó[13] los derechos castellanos con la bula[14] Inter Cetera (1493). El subsiguiente Tratado de Tordesillas (1494) ratificó la división del mundo en dos hemisferios[15] : el oriental, portugués, y el occidental, español. Así Brasil quedó dentro del area portuguesa.

9.1.2. Descubrimientos menores

Cristóbal Colón realizó otros tres viajes, ampliando sus descubrimientos en el ámbito antillano. Persistió[16] en su idea primera de que se había llegado realmente a las Indias. Colón, desatendido[17] en sus peticiones, murió en Valladolid en mayo de 1506.

Por otro lado, hubo viaje de Vasco de Gama a la India en 1498. Y también hubo viajes menores de los españoles por el Caribe y las costas septentrionales[18] de América del Sur. El florentino Américo Vespucio defendió la teoría de un nuevo continente : América. En el año 1500 Juan de la Cosa hizo el primer mapa de las tierras descubiertas. Más tarde, Vasco Núñez de Balboa atravezaba el istmo[19] de Panamá y descubrió el mar del Sur (Pacífico). Así, se queda comprobada la existencia del nuevo continente.

Inmediatamente comenzó la búsqueda de un paso que comunicara el Atlántico con el Pacífico por el sur de América. Después de varios intentos fracasados, en 1520 Fernando Magallanes saldría victorioso de la empresa, al descubrir el estrecho de su nombre, el estrecho de Magallanes. Pero al morir el navegante por los indígenas en Filipinas, el lugarteniente[20] de la expedición Juan Sebastián Elcano completó el viaje por el Océano Indico y las costas de Africa.

---

13) sancionar : 법령화하다, 비준하다
14) la bula : 교서
15) el hemisferio : 반구, 반구체
16) persistir : ~을 고집하다
17) desatender : 등한시, 무관심하다
18) septentrional : 북쪽의
19) el istmo : 지협, 잘룩부분
20) el lugarteniente : 부관

Entrada de Hernán Cortés en México

Gracias a Magallanes, acababa de hacer la primera vuelta a la Tierra.[21] El problema de llegar a Oriente por vía de Occidente se había resuelto por primera vez. La esfericidad[22] de la Tierra quedaba demostrada con toda la evidencia.

9.2. Colonización de América

Mientras tanto, los españoles llegados a América inician por su cuenta[23] una nueva forma de explotación económica. La primera empresa montada por los improvisados[24] colonos fue la extracción[25] de oro de las arenas de los ríos. Utilizaron el trabajo forzado[26] de los indígenas. Los primeros resultados fueron descorazonadores.[27] Los excesos de los encomenderos[28] motivaron una alarmante despoblación indígena.

9.2.1. El Problema de los Indígenas

En la etapa inicial de la colonización, Colón intentó convertir[29] a los indígenas en esclavos para venderlos en Europa. Pero los reyes se lo prohibieron porque los consideraron súbditos de la corona. Entonces fueron utilizados como mano de obra[30] sometida a trabajo forzado.[31] Este ritmo de trabajo, al que no estaban acostumbrados, causó gran mortandad[32] entre los indios.

El trabajo forzado indígena fue denunciado[33] por los misioneros, que lograron

---

21) la Tierra : 지구
22) la esfericidad : 구형
23) por su cuenta : 각자의 생각대로
24) improvisado(a) : 갑작스런, 즉흥적인
25) la extraccíon : 적출, 발췌
26) forzado(a) : 강제적인
27) descorazonador(a) : 비양심적인
28) el encomendero : 위탁자
29) convertir en : ~로 전환시키다
30) la mano de obra : 노동력
31) el trabajo forzado : 강제 노역
32) la mortandad : 대학살, 대사망
33) denunciar : 폭로하다, 고발하다

influir sobre los reyes. El principal defensor de los indígenas fue el dominico, fray Bartolomé de las Casas. El rey promulgó las llamadas <Leyes de Indias>, el primer intento legal de proteger, educar y evangelizar[34] a los indios.

De aquí apareció el concepto de <encomienda> : el indígena era <encomendado> al colono. Este tuvo el deber de enseñar a trabajar y hacerle cristiano, pagándole un salario por su trabajo. Los indígenas estaban obligados a cultivar los campos a cambio de recibir protección e instrucción por parte de encomendero. Este sistema fue causa de innumerables[35] abusos.

Fray Bartolomé de las Casas

34) evangelizar : 전도하다
35) innumerable : 수많은

Las dieciséis combinaciones principales, siglo XVIII, Museo Nacional del Virreinato (Tepotzotlán)*

Archivo General de Indias. Sevilla

9.2.2. La Organización política de las Indias

En la década 1520-1530 Hernán Cortés penetró[36] en el imperio azteca. Consolidó el dominio español, llamado Nueva España, en América Central. En la siguiente década terminaron las grandes conquistas en América del Sur. Francisco Pizarro somete a los incas peruanos y funda la ciudad de Lima (1535). Los territorios americanos finalmente se añaden con Nueva Granada (Colombia) y Buenos Aires.

En cuanto a la organización político-administrativa, la célula[37] fundamental en las Indias es la gobernación. Fue otorgada al jefe de la hueste[38] conquistadora. Los virreyes representaban al rey con las atribuciones militares, administrativas y judiciales. Para la centralización de la justicia se crea las Audiencias.

Miniatura de indigenas mexicanos. Biblioteca nacional de Madrid

También los Ayuntamientos eran los órganos de gobierno de las ciudades, dirigidos por regidores.[39] El proceso hacia la afirmación del centralismo se remata[40] en 1573 con el Consejo de Indias y la Casa de Contratación de Sevilla.[41] El primero es el órgano supremo de todos los asuntos de América. La ultima dirige y ordena el comercio con América.

---

36) penetrar en : ~로 침투하다
37) la célula : 조직, 세포
38) la hueste : 군대
39) el regidor : 시의원, 위원
40) rematarse : 종결되다
41) la Casa de Contratación de Sevilla : 세비야 상업거래소, 무역관

9.3. La Economía

La economía experimentó cambios bruscos. Hubo, a la vez, una verdadera conquista de América por los animales domésticos europeos. La ganadería se desarrolló extraordinariamente gracias a las favorables condiciones naturales, buenos pastos y amplias extensiones de terreno.

En cambio la agricultura se desarrolló más lento. Muchos cultivos fueron llevados a Europa, como la patata o el maíz. Los europeos, por su parte, introdujeron sus cultivos, como cereales, leguminosas[42], vid, olivo, caña de azucar ...

Sacerdotes indígenas tras un sacrificio humano

42) la leguminosa : 콩과류

A lo largo del siglo XVI se establecieron intensas relaciones comerciales entre España y América. España enviaba a América toda clase de productos (alimentos, vestidos, herramientas ...) a cambio de oro y plata. Las grandes minas de plata del continente, especialmente en Méjico (Taxco y Guanajato) y Bolivia (Potosí), empezaron a explotarse a partir de 1540. La Corona española utilizó los metales preciosos para financiar una política exterior costosa y estéril.[43]

En el Consulado de Sevilla se agrupaban los mercaderes, quienes montaron un gran negocio con los productos americanos. La intervención de estos comerciantes fue estimulada[44] porque para abastecer a América era preciso recurrir más a productos fabricados fuera de Castilla. La Europa Occidental montó en provecho propio un circuito comercial.[45]

América enviaba a Europa oro y plata a cambio de todo tipo de productos, Europa enviaba parte de oro y plata al Extremo Oriente[46] a cambio de especias. De esta forma se abría un circuito de comercio marítimo que casi rodeaba toda la Tierra.

9.4. La Sociedad

Una vez concluida la conquista, llegaron a América nuevas oleadas de españoles. Iban completando la creación de una sociedad blanca. La población de origen europeo estaba integrada por gentes pertenecientes a todas clases sociales. Dentro de esta sociedad se consolida una jerarquía basada en la posesión de riqueza.

---

43) estéril : 소득이 없는, 수익성이 없는
44) estimulado(a) : 자극된, 고무적, 활기찬
45) el circuito comercial : 무역망(노선)
46) el Extremo Oriente : 극동아시아

Fiesta religiosa azteca

En la cumbre aparecían los hacendados[47], propietarios de grandes explotaciones agrarias. Después venían los comerciantes instalados en los grandes puertos. Seguían los dedicados a profesiones liberales, los artesanos y los misioneros.

En América existe una variación de razas. Después de una temporada, la consolidación de una clase dominante fue formada por los descendientes de españoles afincados[48], los criollos.[49] Estos han conseguido acumular grandes propiedades explotadas gracias al trabajo de los indígenas o mestizos. Al considerar el fenómeno de la escasez de mujeres españolas en las primeras épocas

47) el hacendado : 지주, 농장주
48) afincado(a) : 정착한
49) el criollo : 중남미 태생의 백인

de la conquista y de la colonización, se justificaban[50] las uniones con las indias y con las negras. El mestizaje[51] aumentó con el paso del tiempo.

De esta manera, por su peso demográfico los mestizos acabaron por legitimar la convivencia de los grupos raciales. Por consiguiente, por orden de categoría social aparecen los cinco grandes grupos : los criollos, blancos americanos; los mestizos, mezcla de blanco e indígena; los indígenas; los negros, esclavos o liberados; los mulatos o <pardos>, mezcla de blanco y negro. Se ha calculado que hacia 1570 el 96 % de la población de Hispanoamérica era amerindia.[52] Los blancos formaban alrededor del 1,25%.

Fuerte de Samaipata, de antecedentes preincas y ocupado por los Incas*

50) justificarse : 무고함을 증명하다, 정당화하다
51) el mestizaje : 혼혈
52) amerindio(a) : 아메리칸 인디오(의)

9.5. Cultura y Arte

La colonización trajo un gran choque cultural a los indígenas de América. Las milenarias[53] culturas prehistóricas murieron o se degradaron.[54] En cambio la cultura española se transmitía cada vez más al continente americano. Sólo se conservaron en parte las lenguas indígenas. Pero se impuso el castellano como medio de comunicación y de cultura.

En los primeros tiempos, para la evangelización de los indígenas los misioneros no se limitaban a la enseñanza de la doctrina cristiana, sino que fundaron las escuelas técnicas. Además la difusión de la cultura metropolitana en América fue facilitada por la introducción de la imprenta.[55] Y se realizó fundamentalmente a través de las universidades y de la Iglesia.

Respecto al arte colonial, al llegar los españoles a América se encontraron en algunas comarcas con pueblos (aztecas, mayas, quechuas) que tenían una tradición artística plenamente lograda. Pero los españoles introdujeron allí las formas artísticas europeas renacentistas. Como en España, se desarrollaron los estilos gótico decadente, mudéjar, isabelino, plateresco, barroco, etc. Pero será el Barroco el que logre mayor aceptación.[56]

---

53) milenario(a) : 천년의, 천의
54) degradarse : 허락하다, 전멸하다, 몰락하다
55) la imprenta : 인쇄(술)
56) la aceptación : 수락, 환영

10. Monarquía de los Habsburgo (1517-1700)

Durante el siglo XVI hasta la paz de Westfalia (1648), bajo la dinastía de los Habsburgo, España juega el papel de primera potencia mundial. Fue debido fundamentalmente a la unión de Estados que logró reunir esta familia en Europa y en el mundo colonial, recientemente descubierto. Sus fundamentos radican en la política matrimonial de los Reyes Católicos.

Esta política unió en las sienes[1] de Carlos I las herencias española, borgoñona y habsburguesa. A mediados del siglo XVI, España poseía la mayor parte del Nuevo Mundo. Casi todas las monarquías europeas, principalmente Francia, Inglaterra y Estados alemanes, se sintieron amenazadas[2] ante las posibilidades hegemónicas de la familia de los Habsburgo.

Territorio de los Habsburgo en Europa en la Epoca de Carlos V

---

1) la sien : 관자놀이

2) amenazar : 위협하다

En primer lugar la época de máximo apogeo[3] de la monarquía española de los Austrias puede subdividirse en tres etapas : el imperio universal de Carlos I, el imperio hispánico de Felipe II, y la hegemonía dinástica de Felipe III. Finalmente, la crisis del imperio de los Habsburgo coincide[4] con la crisis general del siglo XVII, durante los reinados de Felipe IV y Carlos II.

Juana la Loca recluida en Tordesillas*

10.1. El Imperio universal de Carlos I

Carlos I luchó por un ideal maravilloso, la Universitas[5] Cristiana. Esta significaba una hegemonía[6] sin dominio real, contra las corrientes renacentistas vigentes en Europa y contra los infieles[7], los turcos. Esto acabaría por imponer el particularismo[8] religioso y político frente a la estructura supranacional y católica.

---

3) la época de máximo apogeo : 최대의 절정기
4) coincidir con : ~와 일치하다
5) Universitas : universidad의 라틴어
6) la hegemonía : 패권, 주도권
7) el infiel : 이단자, 이교도인
8) el particularismo : 개별주의, 독립주의

Sobre todo el frente de resistencia[9] estaba formado principalmente por Francia, y por los príncipes alemanes. Otro frente, cada vez más amenazador, lo tuvo Carlos en el Imperio turco-otomano en fase expansiva hacia Viena o hacia el Mediterráneo occidental.

10.1.1. Crisis interna

En la monarquía de los Habsburgo aparecieron dos tendencias claras. Una, la de establecer una monarquía autoritaria-absolutista con una paulatina[10] centralización. Otra, la de mantener la monarquía no absolutista, pactista y federal. A lo largo del siglo XVI se produjeron varias crisis que acabaron en guerras, algunas durísimas.

Carlos I*

Calos I, nacido en Gante y educado en Flandes, vino a España con un séquito[11] de flamencos.[12] Acapararon[13] los principales cargos civiles y eclesiásticos. Esto provocó gran disgusto de los españoles.

El primer intento, en la misma Castilla, para oponerse a la tendencia autoritaria-absolutista de la monarquía, fue la guerra de las Comunidades[14] o comuneros. La Junta de las ciudades sublevadas fue dirigida por la pequeña nobleza y la burguesía. Se opuso al absolutismo de los nobles extranjeros. Los comuneros exigían que el monarca respetase las libertades del reino. La gran nobleza castellana dudó[15] en intervenir hasta que el rey supo atraerla con cargos

9) el frente de resistencia : 저항 전선
10) paulatino(a) : 점차의, 천천히
11) el séquito : 수행원
12) el flamenco : . 플랑드르(Flandes) 지역민, 플라멩코
13) acaparar : 독점하다
14) la guerra de las Comunidades : 민중반란
15) dudar en + inf : ~하기를 주저하다, 망설이다

políticos. Los sublevados estaban muy mal organizados. Finalmente representó el triunfo del absolutismo en Castilla.

Por las mismas fechas se produjo otra guerra con carácter social más definido : las Germanías[16] de Valencia y Mallorca. La burguesía ciudadana se sublevó contra la alta nobleza campesina. También aquí se impuso el binomio[17] monarquía – nobleza, reprimiendo las revueltas[18] con dureza. Después de todo, el rey regresó a España en 1522 alejando a los consejeros flamencos y sustituyéndolos[19] por españoles.

10.1.2. La Política imperial

En una primera etapa Carlos obtuvo grandes éxitos diplomático-militares. Las victorias en Italia frente a Francia y el Papado le permitieron ocupar el Milanesado. Detuvieron el avance turco sobre Viena e iniciaron el sueño hegemónico. Fue su momento de máximo poderío.

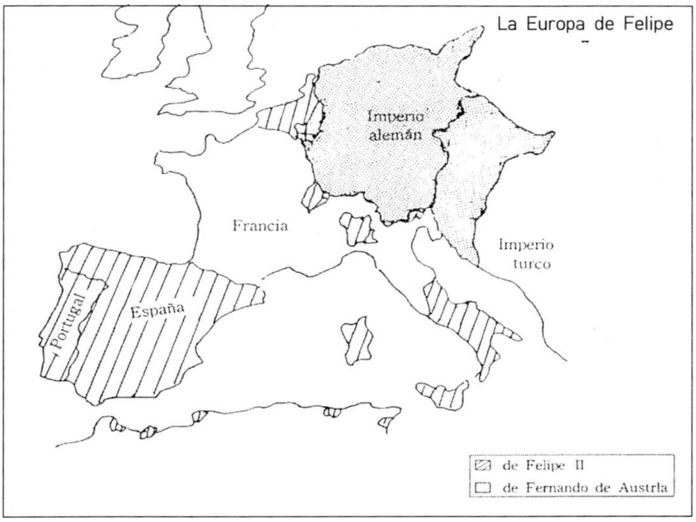

16) las Germanías : Valencia의 조합단
17) el binomio : 2항식, 2인조
18) la revuelta : 반란
19) sustituir por : ~로 교체하다, 대신하다

En una segunda etapa tuvo que enfrentarse ya contra la alianza de Francia, los príncipes alemanes luteranos, asociados en la Liga de Esmalkalda (1531). Y contra el Imperio turco. Obtuvo un éxito sensacional en la conquista de Túnez (1535). Pero sus fracasos ante Francia y ante Argel le impedieron dedicarse al principal problema de sus Estados alemanes. Los protestantes[20)] aliados declararon la guerra a Carlos I. El emperador derrotó a la Liga de Esmalkalda en la batalla de Mülhberg (1547). Pero Carlos I no pudo imponerse en ninguno de los campos religioso-militar.

Carlos firmó la paz con Francia y con los principes protestantes. Abdicó[21)] dejando a su hermano Fernando, Austria-Bohemia-Hungría y las posibilidades del Imperio. A su hijo Felipe II, el resto, perferentemente mediterráneo y atlántico, pero con tres bases estratégicas fundamentales en Europa : los Países Bajos, el Franco Condado y el Milanesado. Carlos se retiró[22)] a un apartado monasterio español, Yuste, y allí murió en 1558.

A partir de este momento la familia Habsburgo tiene dos centros de poder : Madrid y Viena. Establecidas las dos ramas de la Casa de Austria, la alemana y la española, lucharían codo a codo[23)] en defensa de su hegemonía europea.

10.2. El Imperio hispánico de Felipe II

Durante el reinado de Felipe II la hegemonía de los Habsburgo se planteó ahora desde otras premisas.[24)] Ya no se trataba tanto de crear una Universitas Cristiana sobre el eje del Imperio germano, sino de mantener la supremacía de los Habsburgo.

Con Felipe II sube al poder una nueva generación belicista[25)] que radicalizó[26)] el

---

20) el protestante : 신교도
21) abdicar : 퇴위하다
22) retirarse a : ~에 은둔하다
23) codo a codo : 협조하면서
24) la premisa : 전제
25) belicista : 전쟁파의, 호전적인

aspecto religioso de la lucha. Frente al monarca español centralista-absolutista, aparece el calvinismo en los sublevados Países Bajos o el anglicanismo[27] de Isabel I en Inglaterra.

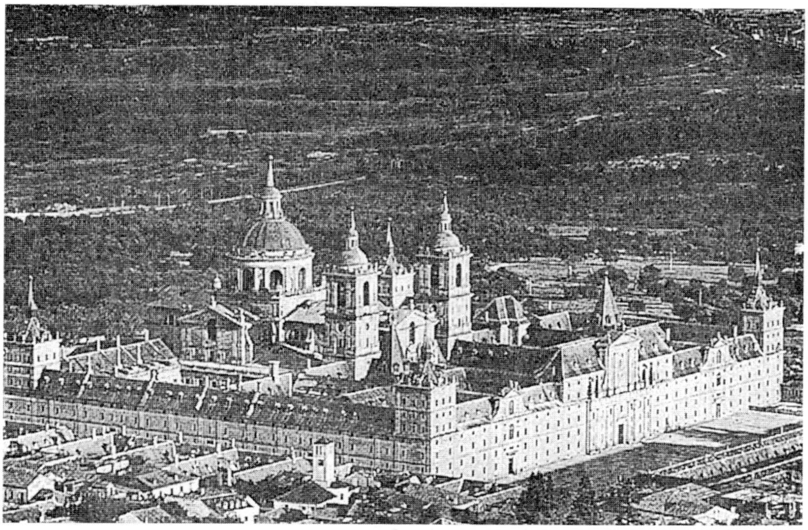

Monasterio del Escorial

El reinado de Felipe II estuvo caracterizado en el interior por la agobiante[28] presión económica. España fue una fuente inagotable para financiar los intereses del imperio de Habsburgo. Su política no tuvo[29] en cuenta los intereses y deseos españoles. La política belicista internacional obligó a nuevos e importantes gastos. Las sucesivas bancarrotas[30] de los siglos XVI y XVII desacreditaron[31] a la monarquía española.

Felipe II implantó la Corte definitivamente en Madrid. Con una cierta indecisión se fue formando un cuerpo burocrático[32] que giraba alrededor del monarca, los cancilleres, los consejos, los virreinatos y las audiencias. El monarca fue muy

26) radicalizar : 과격하게 하다, 급진적으로 하다
27) el anglicanismo : 영국 국교주의
28) agobiante : 숨막히는
29) tener en cuenta : 고려하다
30) la bancarrota : 파산
31) desacreditar : 신용을 떨어뜨리다
32) el cuerpo burocrático: 관료 조직

sedentario.[33] La mayor parte de su vida vivió retirado en el palacio-monasterio de El Escorial, cerca de Madrid. En el momento de su muerte, Felipe II había logrado con grandes dificultades mantener la supremacía[34] de los Habsburgo, pero el imperio pasaba a la defensiva.[35]

10.2.1. La Política interior

Bajo la monarquía de Felipe II estallaron dos crisis : la de Antonio Pérez (1591) y la sublevación de los moriscos en las Alpujarras (1567-1571). Antonio Pérez era un secretario del rey que representaba la tendencia liberal-erasmista. Fue procesado en circunstancias todavía difíciles de explicar. En 1591 huyó a Aragón donde, como noble aragonés, se puso bajo la protección del Justicia Mayor.[36] Felipe II se vio obligado a intervenir militarmente, ocupando Zaragoza. Ajustició[37] a Juan de Lanuza, el Justicia Mayor, y restringió los fueros aragoneses.

La tendencia unionista en el aspecto religioso tuvo el problema grave de los moriscos. Estos musulmanes se habían obligado a la conversión. Ante el enfrentamiento contra el imperio turco, Felipe II temió la actuación de una quinta columna[38] interior musulmana. La represión religiosa se hizo insostenible para los moriscos. Se sublevaron en Granada y mantuvieron una dura guerra durante cuatro años.

10.2.2. La Política exterior

Los problemas de la política exterior de Felipe II podrían reducirse, fundamentalmente, a tres. El primero se deriva de la consolidación de la hegemonía española sobre Francia al obtener el éxito de San Quintín y firmar la paz de Cateau-Cambresis. Con ello afirma la hegemonía española sobre Italia.

---

33) sedentario(a) : 정착적인
34) la supremacía : 주권, 대권, 지고, 패권
35) a la defensiva : 수세의, 방어적으로
36) el Justicia Mayor : (중세기의) 최고법관
37) ajusticiar : 사형에 처하다
38) la quinta columna : 내통자, 스파이, 적지에서 활동하는 행동대원

El segundo problema se trata del cambio de mentalidad del nuevo enfrentamiento. Esto nace con la revolución de los Países Bajos y con el definitivo choque en el Mediterráneo contra el Imperio turco-otomano. Felipe II dirigió la Liga Santa[39] formada con Venecia y el Papado. Y obtuvo un éxito espectacular en Lepanto (1571).

Pero en Europa la revolución de los Países Bajos planteó el enfrentamiento entre el espíritu católico y el calvinismo. La sublevación burguesa-calvinista estalló violentamente en el verano de 1566. Aunque los tercios[40] del duque de Alba, el gobernador de los Países Bajos, obtuvieron éxitos militares importantes, no lograron aplastar la resistencia holandesa. Los holandeses contaron con el apoyo británico y de los príncipes protestantes alemanes.

Por último, la guerra de los Países Bajos se generalizó[41] durante los últimos veinte años del reinado. Fue envuelta en un triple enfrentamiento : con Francia, los Países Bajos y Inglaterra. La última apoyaba a los calvinistas de los Países Bajos y atacaba con actos de piratería[42] el comercio atlántico.

Felipe II, por su parte, apoyaba a los católicos. Estos conspiraban para derribar[43] del trono a Isabel, protestante. Y querían poner en su lugar a la católica María Estuardo, reina de Escocia. Felipe II declaró la guerra a Inglaterra. Pero el fracaso más espectacular lo sufrío frente a Inglaterra con el desastre de la Armada Invencible[44] (1588). Después del fracaso de la expedición española, Inglaterra afirmó su poderío naval, mientras declinaba[45] el español.

En los Países Bajos España no consiguió otra cosa que mantener el dominio español en las zonas católicas de Bélgica y Luxemburgo. Los calvinistas de los Países Bajos conseguían prácticamente su independencia.

---

39) la Liga Santa : 신성동맹
40) el tercio : 보병 연대, 외국 지원병 부대
41) generalizarse : 일반화하다, 보급되다
42) la priatería : 해적질
43) derrivar de : ~로부터 쓰러뜨리다, 타도하다
44) la Armada Invencible : 무적함대
45) declinar : 기울다, 내려가다

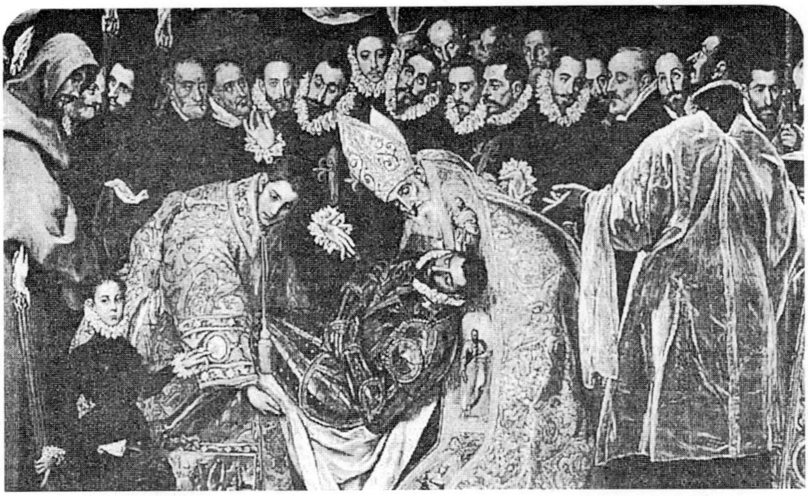

El Entierro del Conde de Orgaz. El Greco. Parroquia de Santo Tomé

Sin embargo, un éxito de la política exterior fue la unión con Portugal. En 1580 la muerte sin sucesión de los reyes de Portugal hizo recaer[46] la corona en Felipe II. El rey español encontró poca resistencia nacionalista al hacer valer militarmente sus derechos. Cuando murió Felipe II en 1598, dejaba graves problemas pendientes a su hijo, Felipe III.

10.3. La Hegemonía dinástica de Felipe III

Durante el siglo XVI los monarcas, con fuerte personalidad, gobernaron directamente como los Reyes Católicos, Carlos I y Felipe II, o ayudándose por sus familiares. Pero los Habsburgo del siglo XVII, indolentes[47] o enfermos, se dejaron llevar por hombres de su confianza, generalmente de la alta nobleza : Felipe III con el duque de Lerma; Felipe IV con el conde-duque de Olivares; Carlos II con Nithard y Juan José de Austria.

46) recaer : 떨어지다
47) indolente : 나약한, 나태한

10.3.1. La Política exterior

Principalmente se basaba en la política pacifista del monarca y de su valido[48], el duque de Lerma. Pretendía diplomáticamente, con una política de prestigio y de matrimonios, mantener la supremacía de los Habsburgo. Así se llegó a la paz con Inglaterra.

En cuanto al problema de los Países Bajos, las Provincias Unidas de Holanda se negaron a aceptar el régimen autónomo otorgado por Felipe II. Iniciaron negociaciones con los rebeldes, que desembocaron[49] en la Tregua de los Doce Años (1609). De hecho, las Provincias Unidas de Holanda eran consideradas como un Estado independiente y soberano.

Por otro lado, Francia seguía alentando[50] la política antiespañola, tanto en Flandes como en Italia. Entonces se negociaron los matrimonios del delfín[51], Luis, con la infanta española, Ana de Austria, y del heredero de la Corona de España, Felipe, con Isabel de Borbón. Entonces la crisis económica impedía a la dinastía aventuras demasiado caras.

El Alcázar de Toledo

48) valido : 총신, 대신
49) desembocar : 흘러들다, 연결되다
50) alentar : 격려하다, 응원하다
51) el delfín : (프랑스) 황태자, 돌고래

10.3.2. La Política interior

En cuanto a la política interior, el Duque de Lerma pudo poner en marcha[52] a partir de 1610 el decreto de expulsión[53] de los moriscos. El viejo problema de la asimilación[54] de los conversos se vuelve en tiempos de Felipe III. Muchos moriscos volvieron a sus prácticas religiosas, con lo cual no se integraron con el resto de la población. Con esta drástica[55] medida Felipe III quizá pudo conseguir la unidad religiosa en la Península.

De hecho, de la Corona de Aragón salieron unos 200.000 moriscos, el 20% de la población total. Y de la Corona de Castilla salieron unos 100.000. Como sus consecuencias, la expulsión de los moriscos trajo graves problemas económicos, sobre todo en la agricultura.

Retrato de la Infanta Margarita de Habsburgo. Velázquez. Museo de Prado*

52) poner en marcha : 시동을 걸다, 작동시키다
53) la expulsión : 추방
54) la asimilación : 흡수, 동화
55) drástico(a) : 엄격한, 철저한

10.4. El Austracismo de Felipe IV

La crisis del Imperio de los Habsburgo coincide con la crisis general del siglo XVII. Esto implica la depresión económica, la radicalización religiosa y la crisis del Estado absolutista. En líneas generales y bajo variantes diferentes los Habsburgo mantuvieron su supremacía hasta 1621, coincidiendo con la fase económica expansiva del siglo XVI. Y tuvieron que luchar duramente durante la etapa crítica de Felipe IV hasta la paz de Westfalia (1648).

El valido de Felipe IV, el conde-duque de Olivares, hizo cargo de la dirección de los asuntos nacionales. Era hombre ambicioso e inteligente, pero de carácter irascible[56) y orgulloso sin capacidad política.

10.4.1. La Política interior

La crisis más grave estalló en el siglo XVII. El conde-duque de Olivares intentó llevar a cabo una política centralista[57) en los reinos periféricos, ante la necesidad de comprometerlos más económica y militarmente. Ante la negativa catalana, el conde-duque decidió llevar la guerra contra Francia por la frontera catalana.

Esto costó la vida[58) al virrey. Y desencadenó[59) una larga guerra civil. Cataluña contó con el apoyo de la monarquía francesa. La guerra fue a la vez civil y social. Se movió dentro del marco de las guerras de los treinta años y franco-española. Acabó con el triunfo de los moderados tras la capitulación[60) de Barcelona (1652).

La crisis fue realmente grave porque estalló también en Aragón, Vizcaya, Andalucía, Nápoles y Portugal. Las sublevaciones fueron sofocadas[61) en seguida excepto Portugal. Sólo la sublevación de Portugal logró triunfar con el apoyo de Inglaterra, Francia y Holanda. En seguida, el duque de Braganza fue proclamado

---

56) irascible : 성미급한
57) la política centralista : 중앙집권식 정치, 정책
58) costar la vida : 희생시키다, 목숨을 걸고 하다
59) desencadenar la guerra : 전쟁을 야기하다
60) la capitulción : 항복
61) sofocar : 진압하다

rey de Portugal con el nombre de Juan IV en 1640. Finalmente, en 1668 Carlos II acabó reconociendo su independencia.

10.4.2. La Política exterior

El hecho más importante de la política exterior bajo Felipe IV fue la Guerra de los Treinta Años (1618-1648). Esta empezó siendo una guerra de religión alemana entre los católicos y los calvinistas, pues, entre la Liga Católica y la Unión Evangélica.

Y acabó convirtiéndose en una guerra general cuando intervinieron España, los Países Bajos, Dinamarca, Suecia y Francia. Las dos ramas de los Habsburgo consiguieron en las primeras etapas éxitos brillantes, pero fueron estrepitosamente[62] vencidas tras la intervención de Francia.

Las Meninas, Velazquez, Museo de Prado*

62) estrepitoso(a) : 소란한, 시끄러운

Los Habsburgo de Viena aceptaron la paz de Westfalia en 1648. España reconoció allí la independencia de Holanda. Y prefirió continuar la guerra con Francia en un intento por recuperar Cataluña y Portugal. Pero la derrota de las Dunas fue definitiva. Felipe IV se vio obligado a firmar la paz de los Pirineos (1659) en la que se perdía definitivamente[63)] el Rosellón y la Cerdaña.

10.5. El Reinado de Carlos II

A la muerte de Felipe IV sube al trono su hijo Carlos II. A la sazón[64)] contaba cuatro años de edad. Se criaba raquítico[65)] y enfermo. España, agotada económica y militarmente apenas si[66)] pudo mantener sus posesiones frente a los ataques de la Francia de Luis XIV. Jugando un pobre papel junto a Inglaterra, Holanda, Suecia y los Habsburgo de Viena principales aliados frente a Luis XIV, España perdió muchas ciudades fronterizas[67)] de los Países Bajos y el Franco Condado. Más aún, las cancillerías[68)] de los Estados europeos empezaron a programar en secreto, el reparto del Imperio español previniendo[69)] la muerte del enfermizo Carlos II.

10.5.1. La Guerra de Sucesión

Los principales pretendientes eran el archiduque[70)] Carlos de Austria y el príncipe francés Felipe de Borbón. Cualquiera de ambas soluciones significaría un refuerzo[71)] decisivo en el potencial del país favorecido.

En los últimos días el rey Carlos II otorgó testamento en favor de Felipe de Anjou, a quien el país aceptó con unanimidad.[72)] Esta elección desencadenó una

---

63) definitivamente : 결정적으로, 최종적으로
64) a la sazón : 그 당시
65) raquítico(a) : 약한
66) apenas si : 거의아니다
67) la ciudad fronteriza : 국경 도시
68) la cancillería : 외교부, 대사관
69) prevenir : 준비하다, 예측하다
70) el archiduque : (오스트리아의) 대공
71) el refuerzo : 강화, 보강, 증강

guerra internacional en Europa, la guerra de sucesión a la Corona española (1702-1713). Alemania, Inglaterra y Holanda contra Francia y España firmaron la Gran Alianza de La Haya en 1701, para apoyar los derechos del Archiduque Carlos de Austria, hijo del emperador de Alemania. Portugal y Saboya se unieron también a la alianza.

Tras la guerra de Sucesión (1700-1713) se impuso en la paz de Utrecht el espíritu de Westfalia, del equilibrio de poderes. Pero si bien la nueva dinastía bajo Felipe V mantuvo el Imperio colonial, España perdió todas sus posesiones en Europa, repartidas entre Austria y Saboya. Se confirmó el fracaso del sueño hegemónico de los Habsburgo. Sobre todo, Inglaterra fue la más beneficiada. Recibió Menorca y Gibraltar e importantes derechos comerciales en América. Así en España se empieza la dinastía de los Borbones con influencia francesa.

La guerra de Sucesión no sólo implica una guerra internacional sino también un conflicto civil entre los partidarios[73)] de Felipe V y los del archiduque Carlos de Austria. Los reinos de Cataluña, Aragón y Valencia apoyaban al pretendiente alemán, mientras el resto de España reconocía al francés. La guerra fue favorable a Felipe V. Luego, aprovechará la coyuntura para abolir[74)] los fueros[75)] de la Corona de Aragón y poner en marcha el centralismo racionalista.[76)]

72) con unanimidad : 만장일치로
73) el partidario : 지지자, 같은 편
74) abolir : 폐지하다, 철폐하다
75) el fuero : 특별법, 자치 법령
76) racionalista : 합리주의의, 합리적인

Detalle. Arte pictórico. Palacio de Carlos V de Granada

Entierro de Cristo. Museo de Bellas Artes. Granada

11. La Estructuración de la España de los Habsburgo

El Estado creado por los reyes Católicos era una federación de reinos que, normalmente, sólo tenían en común los monarcas. De aquí que no se puede hablar de reyes de España, sino de reyes de Castilla, Aragón, Valencia, Portugal, y conde de Barcelona. Cada reino mantenía sus particularidades. Conservó sus instituciones, leyes, moneda y aduanas. Un aragonés era extranjero en Castilla, como un castellano lo era en Barcelona.

Desde el primer momento tendieron a establecer una monarquía autoritaria-absolutista[1] con una paulatina reducción a la unidad. Esto significaba una línea castellanizante por cuanto Castilla mantuvo una incuestionable[2] supremacía, por lo menos durante el siglo XVI. Presuponía una unidad política, militar, religiosa ... Los Reyes Católicos y Carlos I fueron monarcas que no tuvieron una residencia fija para su Corte. Sin embargo, unos y otros residieron preferentemente en Castilla. Por lo tanto la fuerza directiva estaba allí. Los demás reinos, en manos de virreyes, evolucionan poco sobre todo desde el punto de vista jurídico-institucional.

Durante el siglo XVI y hasta la paz de Westfalia, bajo la dinastía de los Habsburgo, España, mejor dicho Castilla, juega el papel de primera potencia mundial. Esto fue debido fundamentalmente a la unión de Estados. En el siglo XVII los reyes hispanos acabaron de crear las monarquías absolutistas. Permitían la unión de entidades[3] de distinta personalidad (idioma, legislación, costumbre ...). Esto suponía el establecimiento de una entidad territorial, el sometimiento de la estructura política medieval y la creación de una infraestructura[4] sólida de gobierno.

---

1) la monarquía autoritaria-absolutista: 권위주의-절대주의식 군주제
2) incuestionable : 의심할 여지가 없는, 확실한
3) la entidad : 실태, 기관, 실체
4) la infraestructura : 지하구조, 내부구조

El Buen Pastor. Murillo

11.1. La Organización del Estado

Los Habsburgo crearon una estructura de gobierno, una máguina de poder, creada por los Reyes Católicos. Esta fue mantenida y perfeccionada por los monarcas de la misma familia. Con una cierta indecisión se fue formando un cuerpo burocrático[5] que giraba alrededor del monarca o el valido. Existían los cancilleres o secretarios, que podían pertenecer a la nobleza, pero también a la alta burguesía.

Los Consejos resolvían asuntos concretos del país. En principio son los órganos consultivos formados por especialistas. Los Consejos podían ser organismos comunes para todos los Estados del reino. Así, el Consejo de Estado, el Consejo de Guerra, o el Consejo de la Inquisición. Pero también y según la estructura federal de la monarquía, había consejos territoriales : Consejo de Aragón, Consejo de Indias, Consejo de Italia, Consejo de Portugal, Consejo de Flandes. Estos Consejos eran solamente órganos de consulta.[6] La unidad de todos se conseguía a través del Consejo de Estado.

Las Hilanderas. Velázquez*

5) el cuerpo burocrático : 관료 조직
6) el órgano de consulta : 상담 기구

Los monarcas autoritarios tuvieron un representante en cada uno de los reinos de su estado, que hiciera sus funciones : el virrey. Hubo virreinatos[7] en cada reino de la Corona de Aragón, en Nápoles, en América, en Portugal y etc. Además, fueron conscientes de su autoridad como jueces. Para ello se crearon las audiencias o cancillerías.

Por otro lado, el ejército permanente fue el arma principal de la autoritad del monarca. En el caso de los Habsburgo fue la mejor máquina de guerra de todo el siglo XVI. Esto les permitió mantener su supremacía en Europa.

Patio de la Casa de Cervantes. Alcalá de Henares (Madrid)

7) el virreinato : 부왕청

11.2. La Economía

La política imperial de los reyes de España era muy costosa. El problema más grave de las monarquías autoritarias fue el de la financiación de todo el aparato burocrático y militar. Sus acreedores[8] eran algunos particulares españoles que adquirían <juros>, títulos de la deuda pública[9], y los grandes banqueros extranjeros alemanes y genoveses.

La demanda americana actuó como un fuerte estímulo para la economía española, especialmente en Andalucía y Castilla en la primera mitad del siglo XVI. Así se generó una época de expansión económica. Pero duró poco. Fue seguida por un período de fuerte crisis y de decadencia económica. Así, desde principios del siglo XVII la economía española se hundió en una profunda decadencia.

Interior de la Casa del Greco

8) el acreedor : 채권자
9) la deuda pública : 공채

Los factores negativos eran : en primer lugar, la persistencia[10] de malas cosechas ; el abandono de la agricultura en la Meseta y expulsión de un núcleo[11] de agricultores muy activos, los moriscos; la decadencia de las ciudades industriales y comerciales de la Corona de Castilla; por último, los apuros[12] crecientes de la Hacienda del rey. El monarca los resuelve con emisiones continuas de moneda de baja calidad en la Corona de Castilla.

11.3. La Sociedad

Los factores negativos de la economía conmocionaron[13] la sociedad española del siglo XVII. La población se estanca o decrece.[14] El fenómeno de despoblamiento afecta tanto a los núcleos rurales como a los urbanos. Esto se debe a las varias causas : la guerra, la emigración a América, la expulsión de los moriscos, peste y hambre.

Los grupos sociales relacionados con la producción, artesanos, campesinos y comerciantes, son los más duramente atacados por la crisis. El paro y la miseria empujan a muchos artesanos y campesinos a la mendicidad[15] y a la delicuencia. Los grupos más poderosos, nobles y grandes propietarios burgueses, aguantaron mejor la crisis. Así se produce un movimiento de emulación.[16] Mucha gente compra al rey <patente de hidalguía[17]> en un intento de ascenso social.

Como consecuencia, el aumento del número de funcionarios fue una característica de las nuevas monarquías. La infinidad de pequeños cargos burocráticos, generalmente mal pagados, cayeron en el mercado de la venta y

10) la persistencia : 끈기, 지속(성), 집요함
11) el núcleo : 핵(심), 주체
12) el apuro : 궁핍, 곤란함
13) conmocionar : 충격을 주다, 여론을 들끓게 하다
14) decrecer : 감소하다, 줄다
15) la mendicidad : 구걸
16) la emulación : 경쟁, 시기
17) el patente de hidalguía : 하류귀족증명서

corrupción.[18] El proceso lo inició la monarquía de Felipe II. En los momentos de angustia financiera llegó a crearlos exclusivamente para venderlos. Es una sociedad en la que la gente aspira a ser hidalgo ocioso. El que no llega a esto, suele acabar en pícaro.[19] De una palabra, era una crisis muy grave de los Habsburgo.

La Concepción de El Escorial. Murillo

18) la corrupción : 부패
19) el pícaro : 망나니, 불량배

La Virgen de la Buena Leche (Fragmento). El Greco

11.4. Cultura del Siglo de Oro

El Siglo de Oro de la civilización española fue todo un proceso de florecimiento y no un estallido brusco. Así como la creación de la Universidad de Alcalá de Henares y la renovación de la de Salamanca, marcaron el comienzo de los llamados <Siglos de Oro>. La lengua castellana se adopta también como lengua diplomática en las relaciones internacionales.

A través de la actuación contra el iluminismo[20] quedó patente que existía una corriente de pensamiento más sólida, el erasmismo.[21] Sus doctrinas no podían ser consideradas heréticas.[22] Habían penetrado en un núcleo de intelectuales, entre ellos Juan de Valdes, Juan Luis Vives y otros.

El espíritu del Renacimiento triunfó en España en los principios del siglo XVI. Pero en los años inmediatamente posteriores a la abdicación de Carlos I fue cerrado por la respuesta de la Iglesia católica a la reforma de Lutero. La Inquisición procuró mantener la pureza de la fe católica y ejerció un fuerte control sobre el pensamiento.

En 1558 se promulgó un decreto real que prohibía la importación de libros extranjeros. Todos los libros e impresos debían llevar la licencia[23] del Consejo de Castilla. Prohibía a los estudiantes españoles cursar[24] estudios en el extranjero. El mismo año, la Inquisición publicó un índice de libros prohibidos. Así España se convirtió en el baluarte de la Contrarreforma europea.

En el tránsito del siglo XV al XVI, coincidiendo con la introducción del humanismo renacentista, el castellano adquiere una expresión literaria sorprendentemente perfecta. El predominio lingüístico de Castilla acompañará, e incluso precederá[25] al predominio político. De este modo, la literatura del Siglo de

20) el iluminismo : 계몽주의
21) el erasmismo : Erasmo 주의
22) herético(a) : 이단의, 이교적인
23) la licencia : 허가, 면허
24) cursar : 학과정을 따르다, 열심히 공부하다
25) preceder a : ~보다 앞서다, 앞에 놓이다

Oro es, en líneas generales, una literatura castellana. En el reinado de Carlos I se produce la gran invasión de la poesía italiana. La figura más representativa será Garcilaso de la Vega. Sus églogas[26] y canciones alcanzan gran perfección técnica.

También aparecen la novela picaresca y la mística. En 1554 se publica El Lazarillo de Tormes, de autor anónimo.[27] Era una de las más perfectas entre las novelas picarescas castellanas. Entre el idealismo renacentista y el realismo, alcanzará gran perfección en la obra de Fray Luis de León. Durante este período podría situarse la obra teatral de Lope de Vega (1562-1635), la obra de Miguel de Cervantes (1547-1616).

A medida que avanza el siglo XVII, la estética literaria del barroco se apoya profundamente en lo personal y subjetivo. La figura más representativa de la literatura barroca es Francisco de Quevedo. Sus obras son El Buscón, Política de Dios y Gobierno de Cristo, Los Sueños, etc, etc. Era pensador crítico. Pretendía empujar al lector hacia la reflexión.[28]

Monumento a Velázquez en la calle homónima de Madrid*

11.5. El Arte

España participa en los dos movimientos artísticos sucesivos de los siglos XVI y XVII, el Renacimiento y el Barroco. La arquitectura renacentista se va simplificando[29] con el paso del tiempo, a medida que se van introduciendo nuevas

26) la égloga : 전원시, 목가시
27) anónimo(a) : 무명의, 익명의
28) la reflexión : 숙고, 반성, 사고
29) simplificar : 단순화하다, 간소화하다

formas constructivas. Los palacios del reinado de Carlos I, el de la Alhambra de Granada y el alcázar de Toledo, son representativos de unas formas italianizantes.

En el tránsito del renacimiento al barroco se representa Juan de Herrera. Era el arquitecto constructor del monasterio de El Escorial, el edificio más característico de la época de Felipe II. En este tiempo llega un artista extraordinario, griego, más conocido como El Greco (1550-1614).

En el siglo XVI la escultura había permanecido aún subordinada al retablo.[30] Hubo una escuela escultórica sobria en Castilla. Su figura principal fue Gregorio Fernández. Y dos escuelas en Andalucía : la sevillana y la granadina.

En la pintura se advierte un notable contraste con el siglo XVI. Frente a la falta de nombres brillantes y la influencia ejercida por las corrientes extranjeras, en el siglo XVII surgen numerosos pintores de primera fila.[31] Crean estilo propiamente hispánico. La nota distintiva podría ser quizás el realismo. El número de obras pictóricas y escultóricas realizadas es muy numeroso. Sus temas fueron con preferencia religiosos, ya que el principal cliente era la Iglesia.

En Sevilla se había formado el más grande de los pintores españoles del Siglo de Oro, Diego de Silva Velázquez (1599- 1660). Nos ha legado[32] un desnudo[33], el único de la pintura española antes de Goya (La Venus del Espejo), dos paisajes de la villa Médicis, Las Hilanderas y Las Meninas. También hay que mencionar a Francisco de Zurbarán, Bartolomé Esteban Murillo y Juan de Valdés Leal.

30) el retablo : 판에 그려진 그림, 제단의 화려한 장식
31) de primera fila : 최고급의, 훌륭한
32) legar : (후세에) 남기다
33) el desnudo : 나체화

Capítulo II.

desde los Borbones hasta nuestros días

1. El Siglo XVIII

La <historia contemporánea> del pueblo español comienza, en realidad, con sus primeros esfuerzos por readaptarse al mundo moderno. Con el apoyo de la nueva dinastía de los Borbones, consiguieron activar los recursos del país e impulsar su renovación[1] a pesar de la oposición de conservadores y tradicionalistas.

1. La Casa de los Borbones

La designación de Felipe de Anjou como futuro rey de España, hecha por Carlos II poco antes de su muerte, provocó la Guerra de Sucesión española[2] (1701-1713). Como sus consecuencias, en el tratado de Utrecht, Luis XIV y su nieto -Felipe V de España- tuvieron que acceder[3] a buena parte de las exigencias de las potencias europeas en el siglo XVIII. La toma del poder político por la Casa de los Borbones trajo a España un intento de solucionar los problemas políticos del país, heredados del siglo anterior, según las fórmulas francesas del absolutismo de Luis XIV, unificación y centralización del poder político.

1.1. El Despotismo Ilustrado[4]

Cuando aparece en Europa la Ilustración[5], la monarquía absoluta estaba en pleno apogeo.[6] En España los partidarios de la Ilustración creyeron que esta monarquía podía ser un tipo de Estado adecuado para introducir grandes cambios en el país. Así aparece el llamado Despotismo Ilustrado. Pero esta política no logró

---

1) la renovación : 갱신, 혁신
2) la Guerra de Sucesión española : 스페인 왕위 계승전쟁
3) acceder a : ~을 허용하다, ~로 접근하다
4) el despotismo ilustrado : 전제 계몽주의
5) la Ilustración : 계몽정신.
6) en pleno apogeo : 최고 절정기에

realizar todos sus objetivos porque chocaba con los grupos privilegiados.[7] Estos tenían aún un enorme peso en las decisiones políticas de los reyes. Los ilustrados españoles formaban una minoría[8], que no llegarían al 1 % de la población del país. Los miembros de esta minoría pertenecían[9] sobre todo a la pequeña nobleza o a la burguesía. Centraban sus actividades preferentemente en las profesiones liberales, la Administración del Estado o en las actividades industriales y comerciales.

En plena madurez[10] la Ilustración profundiza en los problemas del país. Se compromete[11] para solucionarlos mediante la acción política. Como los hombres más ilustres se pueden citar[12] a Pedro Rodríguez de Campomanes y Gaspar Melchor de Jovellanos.

1.2. Renovación política

La renovación política se puede analizar a distintos niveles, desde la reorganización de los organismos de poder[13] hasta la revisión[14] de la política económica o religiosa.

Grabado 'Aguadores en la fuente de Cibeles, en el Paseo del Prado de Madrid*

(*) 참고문헌의 인터넷 주소 참조함.
7) privilegiado(a) : 특권을 누리는, 특권이 있는
8) la minoría : 소수.
9) pertenecer a : ~에 속하다
10) en plena madurez : 완숙기에는
11) comprometerse : 약속하다.
12) citar : 알리다, 지적하다
13) el organismo de poder : 권력 기구
14) la revisión : 검사, 검열.

1.2.1. La Unificación política

Se basó en el montaje[15] de una nueva administración territorial. El centro de gran transformación fue la supresión de la autonomía para los países de la Corona de Aragón. La eliminación de los viejos fueros[16] fue posible tras la victoria de Felipe V sobre los súbditos[17] de aquellos territorios.

La nueva administración territorial se apoyaba en la provincia. La máxima autoridad en cada provincia era el Capitán General.[18] En su origen, era el jefe del ejército. Junto al Capitán General actuaba la Audiencia[19], formada por varios miembros. La Audiencia ejercía como alto tribunal de justicia.[20] A la vez, era el órgano consultivo[21] del Capitán General. En el siglo XVIII apareció además un nuevo cargo en la administración provincial, el intendente.[22] Este realizaba una doble actividad: buscar información sobre aspectos económicos y estimular el desarrollo de las actividades productivas.

1.2.2. La Centralización del Estado

Se consiguió con una reorganización del poder central. La modificación más importante fue la tendencia a sustituir los Consejos[23] por los ministros. Es la realización práctica de la teoría de que el poder central reside[24] en el rey. Los ministros, llamados también <secretarios de despacho>, sólo tienen autoridad mientras gozan[25] de la confianza del rey. Suelen ocuparse de un aspecto especializado del gobierno : Hacienda, Guerra, Marina, Justicia, Indias y Estado.

---

15) el montaje : 설치
16) el fuero : 자치법, 특별법
17) el súbdito : 신하, 국민
18) el Capitán General : 지구 사령관
19) la Audiencia : 법원, 심문, 청중
20) el alto tribunal de justicia : 최고 재판소
21) el órgano consultivo : 자문 기관
22) el intendente : 조세 행정관
23) el Consejo : 자문 위원회
24) residir en : ~에 주재하다, 거주하다
25) gozar de : 을 향유하다, 가지다

Al mismo tiempo que aumentaba la importancia de los ministros, los Consejos iban perdiendo poder. Las decisiones políticas quedaron en manos del rey y sus ministros. Las Cortes, también, perdían todo su poder político. Fueron suprimidas las de la Corona de Aragón. Quedaron sólo las de Castilla, conservando una única función : la jura del heredero de la Corona.

Fachada de Palacio Real*

1.2.3. La Reforma de la Hacienda

La reorganización fiscal fue iniciada por los Borbones. Esto podría ser considerada una faceta[26] más del proceso de unificación y centralización administrativa. Se trataba de anular el viejo sistema de origen medieval. Este era considerado como complejo, ineficaz y poco productivo. Lo sustituirán[27] por un sistema más sencillo, más racionalizado y más eficaz.

Efectivamente la reorganización política creó un fondo común[28] en el que se

26) la faceta : 면모, 모습
27) sustituir por : ~로 대신하다, 바꾸다

reunían todos los recursos del Estado. Así, se centralizaban todos sus gastos. Tan sólo Navarra y las provincias vascas conservaron su autonomía en cuestiones de Hacienda. Estos territorios también la habían conservado en cuestiones administrativas.

1.2.4. La Política económica : los Problemas agrarios

Los gobiernos de los Borbones intentan enfrentarse con los problemas económicos del país y buscar la solución para eso. Durante la primera mitad del siglo se procura estimular[29)] la actividad industrial y comercial según las doctrinas mercantilistas.[30)] Para la segunda mitad del siglo XVIII se nota la influencia de las otras doctrinas económicas: fisiocracia[31)] y liberalismo económico.

A la larga[32)] España presenta una estructura agraria que encaja[33)] dentro del modelo feudal de la Europa Occidental. Pero existen variantes regionales que hay que tener en cuenta[34)] para comprender la situación de los campesinos. Se advierte un aumento de las tensiones en torno a la agricultura y la producción agraria. Existen los problemas como la subida de los arrendamientos, las roturaciones de tierras incultas[35)], las disputas con los ganaderos, la falta de tierras para cultivar y etc.

Tales tensiones obligaron a los gobiernos a plantearse a fondo[36)] los problemas de la agricultura. Para posibles soluciones se elaboraron una serie de informes con el intento de renovación económica o de cambio social en el país. Sin embargo, el reformismo de los ilustrados tuvo que desenvolverse en un campo limitado de posibilidades. Los sectores más privilegiados resultarían afectados en sus intereses.

---

28) el fondo común : 공동 자금, 공동자산
29) estimular : 자극하다, 격려하다
30) la doctrina mercantilista : 중상주의 학설
31) la fisiocracia a : 중농주의
32) a la larga : 길게, 느리게, 마침내
33) encajar : 꼭 맞다
34) tener en cuenta : 고려하다
35) la tierra inculta : 황무지
36) a fondo : 완전히, 철저하게

Así, hubo algunas medidas reformistas que contrastan, por su limitación, con la magnitud del problema agrario. La Ley Agraria no se llegó ni a redactar. Las medidas de gobierno adoptadas fueron ineficaces para solucionar los graves problemas del campo. Sin embargo, hubo un aumento de los terrenos de cultivo, introducción de nuevas plantas, supresión de las aduanas en el país.

Comedor de Gala en el palacio real de Madrid*

1.2.5. La Política religiosa

La monarquía española del siglo XVIII tuvo un carácter fuertemente regalista.[37] Esta tendencia se aprecia bastante en el Concordato[38] firmado entre el rey de España y el Papa en 1753. Se confirmaban los derechos del gobierno a intervenir en la vida religiosa del país. Los ministros ilustrados de Carlos III siguieron por el mismo camino para el control de la Iglesia. A las viejas ideas regalistas se unieron objetivos más modernos, especialmente la disputa con la Compañía de Jesús en la educación.

Los jesuitas educaban en sus colegios a la mayor parte de los jóvenes que

37) regalista : 왕권을 옹호하는
38) el concordato : (로마 교황청과의) 화친 조약

querían entrar en la Universidad. Los políticos aspiraban a poner estas instituciones bajo el control del Estado. Así, al empezar el reinado de Carlos III se formó un amplio frente antijesuítico. Esta coalición de fuerzas lograría expulsar de España a la Compañía de Jesús (1767). La política religiosa de los ilustrados estaba dictada, en parte, por su deseo de reorganizar la educación en España.

1.2.6. La Política internacional

Después de la Guerra de Sucesión, España perdió su categoria de potencia de primer orden.[39] Los dominios de Italia y de Flandes, por su estratégica situación en el Mediterráneo y en el mar del Norte, constituían valiosas claves de la política continental para España. Sobre la base del tratado de Utrecht toda la política internacional tiene tres etapas básicas. Estas se basan en los intentos de recuperar la influencia en Italia, la rivalidad[40] con Inglaterra y las guerras desencadenadas por la Francia Revolucionaria.

1.2.6.1. El Reinado de Felipe V

La segunda esposa del rey, Isabel de Farnesio, orientó la política internacional hacia los territorios cedidos a Austria por la paz de Utrecht. La reina tuvo por objeto establecer allí a sus propios hijos. Las tropas de Felipe V intervinieron en varias guerras europeas. Esta política dio lugar[41] a la formación de la Cuádruple Alianza[42] (Francia, Inglaterra, Holanda y Austria). Este grupo, dispuesto a mantener las estipulaciones[43] de Utrecht, obligará a España a retirarse de Italia.

Felipe V fue convencido de que su gran rival era Inglaterra. Por su dominio de los mares, firmó el primer Pacto de Familia[44] con Francia en 1733, durante la guerra de Sucesión de Polonia. Este conflicto dio a España la oportunidad de ocupar Nápoles y Sicilia.

---

39) de primer orden : 일류의, 최고의
40) la rivalidad : 적대, 경쟁
41) dar lugar a : ...할 구실을 주다
42) la Cuádruple Alianza : 4국동맹
43) la estipulación : 협정, 계약
44) el Pacto de Familia : (부르봉)왕가 동맹

Felipe V

A partir de 1740 se planteó una gran rivalidad por el dominio de las rutas del Atlántico entre Francia e Inglaterra. En este enfrentamiento España fue siempre aliada de Francia. Los navíos ingleses y sus comerciantes eran una perpetua amenaza para España en América.

1.2.6.2. El Reinado de Fernando VI

Durante el reinado de Fernando VI (1746-1759), el hijo segundo de Felipe V y de la segunda esposa, Isabel de Farnesio, desaparece de la Corte. De temperamento poco ambicioso y algo indolente, el nuevo monarca mantuvo la política de neutralidad[45] en los conflictos coloniales entre Francia e Inglaterra. Deseando realmente la prosperidad del país, dedicó sus esfuerzos a la restauración del ejército, de la marina y de la potencialidad económica. Durante su pacífico reinado y bajo la dirección de ministros se planeó un amplio programa de reformas en la economía, la hacienda y la administración. Pero esta política neutralista facilitó en gran escala[46] el desequilibrio de fuerzas en Norteamérica en favor de Inglaterra. En consecuencia, acrecentó[47] la amenaza británica sobre el imperio español en las

45) la neutralidad : 중립
46) en gran escala : 대규모로
47) acrecentar : 증대시키다

Indias.

1.2.6.3. El Reinado de Carlos III

Rey Carlos III

Carlos III (1759-1788) sucedió a su hermano Fernando VI. La política internacional de Carlos III presidió la necesidad de cortar el paso al imperialismo[48] inglés en América. La nueva alianza con Francia, tercer Pacto de Familia en 1761, obligó a España a intervenir en la guerra de los Siete Años contra Inglaterra y Portugal. Como resultado de la guerra, España cede a Inglaterra la Florida y a Portugal la colonia americana de Sacramento.

A pesar del fracaso, España mantuvo la alianza francesa, convencido de que no había otra alternativa[49] ante la pujanza de Inglaterra. En 1779 España apoya a los sublevados ingleses en América del Norte con la esperanza de tener unas ventajas. En la paz de Versalles (1783) España recupera la Florida, Menorca y la colonia de Sacramento.

Carlos III fue uno de los soberanos más capaces de fines del siglo. De temperamento activo, tenaz y laborioso, dedicó todas sus actividades a lo que él creía de todo punto necesario para el país. Su europeización es la introducción del espíritu ilustrado en el gobierno, la administración, la sociedad y la cultura. Sus reformas económico-religiosas perjudican los intereses de la nobleza y del clero. Esto provoca una revuelta popular[50] con la violenta hostilidad en Madrid, el llamado motín de Esquilache. El rey tomó medidas desamortizadoras[51] para

48) el imperialismo : 제국주의
49) la alternativa : 선택
50) la revuelta popular : 민중반란
51) la medida desamortizadora : 한정상속제 폐지조치

impedir la excesiva concentración de la propiedad.[52] Impulsó la vida agrícola e industrial de la nación y las obras públicas. Con el pretexto[53] de la participación en el motín de Esquilache, Carlos III ordenó la expulsión de la Compañía de Jesús del país. En 1788, el año anterior al estallido de la Revolución francesa, murió el rey heredando la Corona su hijo Carlos con los graves problemas del país.

La familia de Carlos IV, por Goya*

1.2.6.4. Reinado de Carlos IV

El rey Carlos IV fue un hombre bondadoso, sencillo y desinteresado de la política. Los asuntos de Estado estaban en manos de un hombre favorito de la reina María Luisa de Parma, Manuel Godoy. Desde el primer año de su reinado el problema de la

---

52) la concentración de la propiedad : 자산 집중
53) con el pretexto de : ~할 구실로

rivalidad con Inglaterra va a verse complicado54) por la Revolución francesa.

Las posibilidades de extensión de la ideología revolucionaria en España quedan truncadas55) con los cambios del gabinete. Floridablanca fue sustituido por Aranda. Y éste, a su vez, pocos meses después, por Manuel Godoy. Godoy fue un personaje ajeno a cualquier ideología política, que en poco tiempo había pasado de guardia de Corps56) a teniente general.57)

En el primer momento España forma parte58) de la gran alianza antirrevolucionaria desencadenada por las potencias europeas contra la Revolución (1793-1795). Pero a partir de 1796 esta guerra se transformó de nuevo en un enfrentamiento entre Francia e Inglaterra. En este enfrentamiento España volvió a aliarse con Francia. La alianza con el Directorio primero y después con Napoleón, provocó nuevas luchas entre España e Inglaterra y grandes problemas para el comercio español con América.

1. Tratado de San Ildefonso

Para asegurar la situación política, España combate a Inglaterra al lado de Francia. Godoy se unió cada vez más a Francia. En el primer Tratado de San Ildefonso (1796), Francia concierta59) una alianza con España explotando la rivalidad común con Inglaterra. Pocos años después, España volvió a firmar el segundo Tratado de San Ildefonso. Godoy puso entonces la armada española al servicio de Napoleón. Declaró la guerra a Portugal, aliado de Inglaterra. Napoleón soñó con la invasión de Inglaterra. Al servicio de este plan, la escuadra española fue destrozada60) completamente en Trafalgar por la escuadra mandada por el almirante Nelson en octubre de 1805.

---

54) verse complicado : 복잡해지다
55) truncar con : ~와 더불어 중단되다
56) la guardia de Corps : 근위대, 근위병(el~)
57) el teniente general : 중장
58) formar parte de : ~을 구성하다, 이루다
59) concertar : 협정하다, 합의하다
60) destrozar : 파괴하다, 섬멸시키다

Museo del Prado

2. Tratado de Fontainebleau : Ocupación de España por Napoleón

Desde el fracaso de Trafalgar, Napoleón se interesó[61] por sacar los mayores provechos económicos de su alianza con España. Aumentó cada día sus exigencias. En 1807 se firmó el Tratado de Fontainebleau, que estipulaba la partición de Portugal, puerta importante del comercio británico. Como consecuencia de este tratado, España había[62] de permitir el paso de las tropas francesas por el país para conquistar Portugal.

Así penetraron por el País Vasco las tropas francesas al mando[63] del mariscal Junot. Pero muy pronto sus objetivos para Portugal fueron convertidos en objetivos peninsulares. En seguida se establecieron otras tropas francesas en Valladolid, Burgos y Barcelona. Se entrevé[64] ya el intento de ocupación de los tres puntos más importantes de la Península : Barcelona, Lisboa, Cádiz. En efecto, Napoleón, traicionando los compromisos contraídos, decidió también la ocupación de España.

---

61) interesarse por : ~에 관심을 가지다
62) haber de+ inf : ~을 해야 한다 또는 ~일 것이다(강제 또는 강한 추측)
63) al mando de : ~의 지휘로
64) entreverse : 예측되다, 짐작되다

3. Motín de Aranjuez

Al comprender el peligro que se avecina[65], Godoy trata de reaccionar frente a los planes napoleónicos mediante el traslado[66] de la familia real hacia el Sur y la resistencia en Andalucía. Entonces estalla un grave motín en Aranjuez. Allí, se hallaba establecida la Corte en marzo de 1808. Desde hacía algún tiempo en la corte existían graves rivalidades entre Carlos IV y Godoy y el principe heredero don Fernando.

Riña en la Venta Nueva, por Goya

El partido fernandino quería aprovechar el descontento general provocado por la entrada de los franceses en España. Consiguió desencadenar la revuelta popular que se conoce con el nombre de motín de Aranjuez. Gentes del pueblo, como soldados, campesinos, servidores de palacio, persiguieron a Godoy. Y obligaron a Carlos IV a destituirle. Dos días después, ante la presión popular, Carlos IV abdicaba[67] en su hijo Fernando. Aunque en realidad el pueblo sólo intervino en el

65) avecinarse : 가까와지다
66) el traslado : 수송, 이동
67) abdicar : 퇴위하다

motín como elemento de choque, su acción había dado por resultado el destronamiento del monarca. Ya se advierte la aparición de un cambio de signo en la política española.

1.3. Economía de la Ilustración

A lo largo del siglo XVIII se inicia un fuerte crecimiento de la población en España. De 1700 a 1800, la población pasa de seis a once millones de habitantes. Como

Campesino a caballo (arriba, izquierda), campesino arando (arriba, derecha) y labradora valenciana (abajo) ofreciendo un cesto de fruta al dueño de la tierra (azulejos del siglo XVIII)

ya está mencionado el problema agrario, hay un aumento de las tensiones en torno[68] a la agricultura y la producción agraria. Al fin el país se industrializa. La tradición mercantilista impulsa también a ello, preconizando[69] la disminución de las importaciones y la educación popular. Se inicia un proceso de integración de las distintas tierras de España en un único mercado, el mercado nacional. Pero este proceso no estaba terminado al acabar el siglo, debido a la falta de conexión entre las regiones.

A partir de 1796 una serie de circunstancias contribuyeron a interrumpir el proceso de crecimiento económico. Además de malas cosechas, las guerras, primero contra la Francia revolucionaria y después contra Inglaterra ocasionaron enormes gastos que la Hacienda estatal no pudo pagar con sus ingresos ordinarios.[70]

1.4. La Sociedad

Durante el siglo de las luces siguen existiendo los viejos estamentos de origen medieval. Los estamentos privilegiados están formados por la nobleza y el clero. Los estamentos no privilegiados están formados por el resto de la población. A pesar de la crisis de la sociedad estamental, las clases aristocráticas conservan sus privilegios legales hasta los comienzos del siglo XIX.

La nobleza conserva los altos cargos políticos y eclesiásticos y los mandos militares. Pero la influencia social y la consideración del clero van aminorándose[71] durante el siglo XVIII. Por otro lado, la burguesía constituye una clase media que se diferencia del pueblo por su riqueza económica. En ella se integran[72] comerciantes, hidalgos, funcionarios, hombres dedicados a las profesiones liberales como médicos, abogados, etc.

En cuanto al resto, la gran mayoría formaba el pueblo, integrado por grupos muy amplios, como campesinos, albañiles, herreros y mendigos. La cristalización de las

---

68) en torno a : ~의 주위에
69) preconizar : 권장하다, 지지하다
70) el ingreso ordinario : 정기적인 수입
71) aminorarse : 축소되다
72) integrar : 통합하다, 구성하다

clases sociales y el desarrollo del capitalismo industrial trajeron el empeoramiento[73] de la condición jurídica y económica de la población.

Los ilustrados españoles intentaron renovar la vida española, a través de reformas, en todos sus aspectos. Pero ante las presiones de clases privilegiadas, sólo hubo pequeños intentos de reforma en el país.

1.5. La Cultura

La lechera de Burdeos, por Goya.

Con los reyes ilustrados la educación nacional comenzó a ser considerada como un servicio público. Del reinado de Carlos III arranca la transformación de la enseñanza. El proyecto de reforma sólo se realizó en parte.[74] Aspiraba a organizar la enseñanza primaria y la profesional, casi inexistentes para promover la educación popular. También intentaba penetrar en la Universidad. Quería tener su amplia autonomía para lograr una actualización[75] en los planes de estudios. Al margen de[76] la Universidad cabe destacar la fundación de instituciones extrauniversitarias. Como centros culturales aparecieron colegios de Medicina y Cirugía, Escuelas de Veterinaria, Jardines Botánicos, etc. También hay que mencionar las Academias de la Lengua y las de la Historia y las Sociedades Científicas como las Sociedades Económicas de Amigos del País.[77]

---

73) el empeoramiento : 악화
74) en parte : 부분적으로
75) la actualización : 현실화, 구체화
76) al margen de : ~의 외곽에는, 테두리에서
77) las Sociedades Económicas de Amigos del País : 스페인 경제인 협회

1.6. El Arte

En el arte de la Ilustración española conviven dos tendencias. Por una parte prosiguen las líneas marcadas[78] por el arte barroco del siglo anterior. Por otra penetra en el país, bajo la protección de los reyes, una tendencia italiana y francesa, evolucionando hacia formas neoclásicas.

Los Borbones llevaron a cabo un importante trabajo de construcciones destinadas a residencia de la Corte. La serie de residencias se inicia con el Palacio de La Granja. Sigue con el Palacio Real de Madrid y el de Aranjuez. Durante este siglo los arquitectos más conocidos fueron Ventura Rodríguez y Juan de Villanueva. El último fue autor del Museo del Prado y de la <Casita del Príncipe> de El Escorial.

En cuanto a la pintura, el pintor alemán, Antonio Rafael Mengs vino a España invitado por Carlos III. Al estilo de Mengs, un pintor español, auténtico genio[79] universal, Francisco de Goya (1746-1828) pudo abrirse camino en la Corte. Su obra es apreciada no sólo por sus cualidades técnicas y estéticas, sino también

La Vendimia, por Goya

78) la línea marcada : 특정적인 노선
79) el genio : 천재

La gallina ciega, por Goya

porque constituye un testimonio inapreciable para el conocimiento de la época que le tocó vivir.[80] En Madrid se convirtió en testigo excepcional de un período muy rico de la historia de España. Sus obras abarcan desde las ilusiones reformistas de los ilustrados de Carlos III hasta los horrores de la guerra de la Independencia y los primeros enfrentamientos políticos del siglo XIX. Sus obras más destacadas son El tres de Mayo, La lechera de Burdeos, La familia de Carlos IV, Los desastres, etc.

80) tocar + inf : ~하게 되다

2. La Primera Mitad del Siglo XIX : Fin del Antiguo Régimen

Hacia finales del siglo XVIII, España vacila entre la renovación y la recaída. Los acontecimientos americanos y franceses, revistiendo[1] la forma de revolución liberal burguesa, repercutirán hondamente en la historia española del siglo XIX. Al mismo tiempo que se desarrollaba una guerra de liberación contra el ejército francés, tuvo lugar[2] un movimiento revolucionario burgués. La revolución implica el tránsito de un sistema feudal al sistema capitalista. La burguesía predomina tanto social como políticamente. Esto significará el fin del Antiguo Régimen.

Existían algunas minorías que querían continuar el movimiento reformista iniciado en el siglo anterior. Pero dicho movimiento había sido frenado en el reinado de Carlos IV. No todos los partidarios de la reforma opinaban igual, sino que a lo largo del siglo se advierte[3] la existencia de dos grupos distintos, los liberales y los absolutistas. Cada grupo propone diferentes métodos para solucionar los problemas del país.

Carlos IV y Fernando VII abdican en favor de Napoleón (mayo de 1808)

1) revestir : 걸치다, 갖추다
2) tener lugar : 일어나다, 개최하다
3) advertirse : 알다, 깨닫다

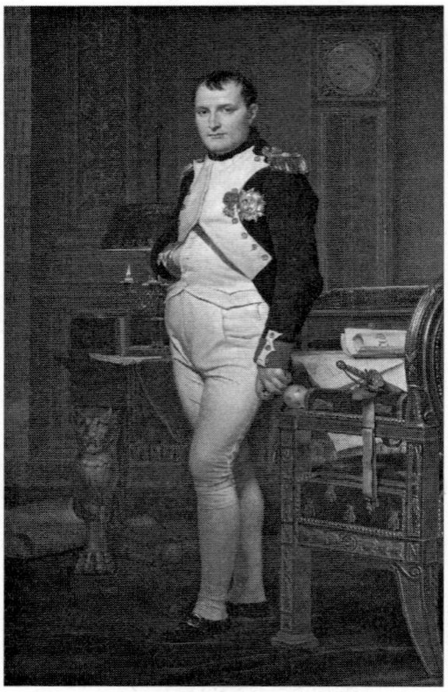

Napoleón I, emperador de los franceses*

Retrato de José Bonaparte

1. Invasión francesa : José I y los Afrancesados[4)]

Napoleón se adueñó[5)] de la Corona española mediante una estrategia de carácter legal. Ofreciéndose como mediador[6)] entre Carlos IV y su hijo Fernando VII, había traído a la familia real y a Godoy hasta Bayona. Al fin, el emperador francés consiguió la renuncia[7)] de ambos reyes a su favor. Luego, la Corona española se entrega a su hermano José. Para dar un carácter modernizador a la nueva estructura política reúne en junio de 1808 unas Cortes españolas en Bayona. Y promulgan una Constitución.

Muchos españoles, procedentes de los ilustrados, vieron en el régimen napoleónico la posibilidad de realizar la reforma. Aceptaron al nuevo rey. La inmensa mayoría del pueblo no estaba de acuerdo con esta actitud. Los afrancesados fueron tachados[8)] de traidores. La ideología de los afrancesados

4) el afrancesado : 친불파
5) adueñarse : 주인이 되다
6) el mediador : 중재자
7) la renuncia : 포기

El dos de mayo de 1808 en Madrid*

defiende una monarquía autoritaria capaz de realizar las reformas y, al mismo tiempo, evitar la alternativa revolucionaria. Este matiz lo tienen los decretos que promulgó Napoleón tras la conquista de Madrid.

2. La Guerra de la Independencia

La opinión popular era contraria a este destronamiento de los Borbones. Esto había provocado el estallido del Dos de Mayo en Madrid. Fue duramente reprimido por el ejército francés, dirigido por Murat.

Aunque Madrid quedó en manos de los franceses y José I estableció allí su gobierno, el levantamiento se generalizó por todo el país. Originaron la creación de numerosas Juntas provinciales.[9] Estas se hacen con el poder en su zona respectiva iniciando la reacción frente a la ocupación francesa.

Los componentes de las distintas Juntas son, en su mayoría, miembros de la

8) tachar : 비난하다, 삭제하다
9) la Junta provincial : 지역 평의회

nobleza, la burguesía y las profesiones liberales. Es decir, ya anteriormente pertenecían a las clases dirigentes. Pronto, la necesidad de coordinar las diversas Juntas crea una Junta Suprema Central.[10] Esta asumiría la soberanía nacional[11] con rapidez.

La Junta Central dirigió la marcha de la guerra y el gobierno del país, ocupado en gran parte por los franceses. Después de preparar una convocatoria de Cortes, la Junta traspasó, en enero de 1810, sus poderes a una Regencia.[12] Esta actuará en nombre de Fernando VII y se estableció en Cádiz.

El Tres de Mayo, por Goya*

Pronto, la necesidad de coordinar las diversas Juntas crea una Junta Suprema Central.[13] Esta asumiría la soberanía nacional[14] con rapidez. La Junta Central dirigió la marcha de la guerra y el gobierno del país, ocupado en gran parte por los franceses. Después de preparar una convocatoria de Cortes, la Junta traspasó, en enero de 1810, sus poderes a una Regencia.[15] Esta actuará en nombre de

10) la Junta Suprema Central : 중앙 최고 평의회
11) la soberanía nacional : 국가 주권
12) la regencia : 섭정 위원회
13) la Junta Suprema Central : 중앙 최고 평의회
14) la soberanía nacional : 국가 주권

Fernando VII y se estableció en Cádiz.

2.1. Carácter y Desarrollo de la Guerra

La guerra contra la invasión napoleónica tiene un carácter de guerra de liberación.[16] No es una guerra política, sino nacional. Junto al ejército, todo el pueblo participa activamente en ella. Como guerra de liberación tienen gran importancia en su desarrollo dos aspectos característicos : la lucha de guerrillas y la resistencia en las ciudades.

Las guerrillas eran pequeños grupos armados, apoyados por el pueblo. Realizaban ataques por sorpresa, rápidos y eficaces. La resistencia de ciudades importantes obligó a Napoleón a variar sus primeros planes de conquista rápida del valle del Ebro y el litoral levantino.

GUERRA DE LA INDEPENDENCIA

---

15) la regencia : 섭정 위원회

16) la guerra de liberación : 해방전

En principio[17] la guerra se desarrollaba favorable a Francia. Las ventajas del ejército francés derivaban no sólo de la superioridad numérica, sino también de sus mejores cuadros de mando[18], de su mayor movilidad y de su superioridad de armamento. En cambio, la única ventaja de los españoles estaba en el apoyo de todo el país como base para mantener la guerra de guerrillas.

La evacuación[19] de Madrid por José Bonaparte y la difícil situación del ejército francés, a consecuencia de la batalla de Bailén (julio de 1808), decidieron a Napoleón a acudir personalmente para acabar con la insurrección. El emperador francés puso al frente de 300.000 hombres del Grande Armée.[20] En noviembre, Napoleón volvió a ocupar Madrid. Cuando en Europa se formaba una nueva coalición antifrancesa, Napoleón abandonó España sin completar la conquista con el fin de participar en la campaña de Rusia. Después de su marcha, sus mariscales[21] ocuparon oficialmente toda España. Pero en realidad no dominaban más que las ciudades y las grandes rutas. El campo se hallaba en manos de guerrillas.

Mientras tanto, la Junta Central firmó con Inglaterra una alianza contra Francia. Las tropas inglesas desembarcaron[22] en Portugal y defendieron Lisboa. Una gran ofensiva del ejército aliado inglés, español y portugués venció a las tropas francesas en los Arapiles (Salamanca). Ante la imposibilidad de recibir refuerzos a causa de la campaña contra Rusia, los franceses estaban en constante retirada. En 1813 los franceses fueron vencidos en Vitoria y San Marcial. En el año siguiente se firmó el fin de las hostilidades.

2.2. Las Cortes de Cádiz : Constitución de 1812

Los miembros de la Junta Central decidieron la convocatoria de unas Cortes generales[23], no sólo para arbitrar[24] los recursos que exigían las necesidades de la

---

17) en principio : 초기
18) el cuadro de mando : 간부진, 지휘권
19) la evacuación : 철수
20) Grande Armée(Gran Ejército) : 나폴네옹 전투부대를 일컫는 명칭
21) el mariscal : (옛날 군대 총수 아래) 주요 간부급 장교(장성급에 해당함)
22) desembarcar : 상륙하다

guerra, sino también para introducir en el país las mejoras políticas y sociales. Así, las Cortes, reunidas en Cádiz en 1810, tuvieron un carácter constituyente y soberano. Votaron una constitución de tipo liberal, opuesta a[25] los principios tradicionales por los que combatían los paisanos y los guerrilleros.

Sus cuatro puntos básicos fueron : soberanía de la nación, separación de poderes, sufragio indirecto[26] y proclamación del catolicismo como religión del Estado. Además de la libertad de imprenta, una serie de leyes van dando forma al nuevo sistema político. Intentan realizar la reforma. La medida como la supresión del Tribunal del Santo Oficio[27] evidencia el carácter ardientemente liberal de los hombres de la Constitución gaditana.[28]

Pero este triunfo de los liberales en las Cortes no será en absoluto un triunfo definitivo. Frente a su ideología revolucionaria se encuentran el sentimiento absolutista del pueblo. Esto estaba dirigido por el clero provinciano. También, hay falta de entidad de la burguesía para hacerse cargo[29] del movimiento reformista. Existe falta de conexión entre los intelectuales y el pueblo.

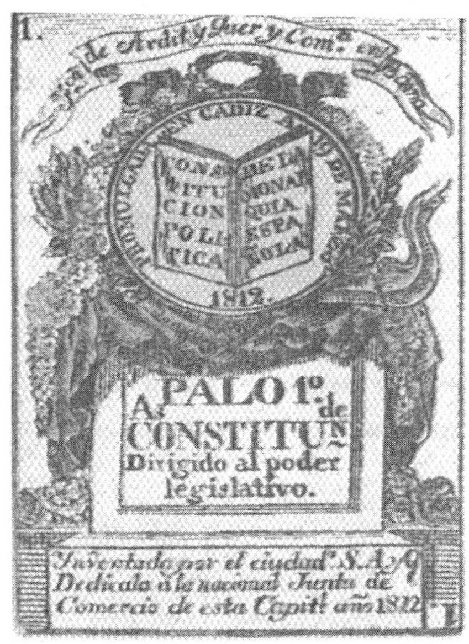

Carta de una baraja conmemorativa de la Constitución de Cádiz, 1812

La inmensa mayoría del pueblo que había luchado en la guerra no tenía conocimiento del proceso revolucionario, desarrollado en Cádiz. Este pueblo aclamó el regreso de Fernando VII. Entonces, es

23) las Cortes generales : 스페인 의회
24) arbitrar : 중재하다
25) oponer a : ~에 반대하다
26) el sufragio indirecto : 간접선거
27) Tribunal del Santo Oficio : 종교재판소
28) gaditano(a) : Cádiz의, Cádiz 사람
29) hacerse cargo de : ~을 담당하다, 인수하다

ya palpable[30] la ruptura ideológica entre los españoles. Y se hará sangrienta a lo largo del siglo XIX.

El juramento de las Cortes de Cádiz en 1810*

3. El Reinado de Fernando VII

El 11 de diciembre de 1813, por el Tratado de Valençay entre Napoleón y Fernando VII, se ponía fin a la frustrada[31] aventura napoleónica en España. Napoleón devolvía el trono a Fernando VII. En Valencia el rey recibió el llamado manifiesto de los Persas. Era un manifiesto firmado por 69 diputados de las Cortes, de tendencias realistas. Pero Fernando VII, apoyado en los sectores absolutistas, firma el decreto por el que se declara en contra de la Constitución. Deroga[32] toda la labor legislativa de las Cortes de Cádiz, prometiendo restaurar la Constitución

30) palpable : 분명한, 명백한
31) frustrado(a) : 좌절한, 실망한
32) derogar : 폐지하다

tradicional. Pero su promesa no será cumplida. El gobierno será dirigido durante los veinte años siguientes, excepto el llamado trienio liberal[33], por un monarca absoluto.

3.1. Comienzos del Reinado

Al iniciarse el reinado de Fernando VII (1814-1833) pesaban sobre España graves problemas que sólo una reforma enérgica hubiese podido resolver. Habían problemas como el desorden en el medio rural, la decadencia de la agricultura, el desbarajuste[34] económico y financiero, etc. El final de la guerra coincidió con una crisis económica general, unida con la elevada deuda exterior. Esta era contraída para sufragar[35] los gastos de la guerra y la emancipación de los territorios americanos.

En el campo político se advierte una radicalización[36] progresiva del conflicto entre liberales y absolutistas. El partido que sube al poder deja al otro en la clandestinidad.[37] De este modo la lucha política es sustituida por la lucha contra el régimen. Durante este reinado aparecen varias etapas en el proceso de enfrentamiento entre el liberalismo y el absolutismo. La primera se desarrolla entre 1814 y 1820. Al regresar Fernando VII a España se restauraron las instituciones del Antiguo Régimen. Con el mantenimiento de los privilegios de clases tradicionales se

Fernando VII, por Goya*

33) el trienio liberal : 자유주의 3년
34) el desbarajuste : 혼란, 문란
35) sufragar : 후원하다
36) la radicalización : 과격화
37) la clandestinidad : 비밀

cerraba el camino de una reforma fiscal. Se impedía el comienzo de la industrialización, convirtiéndose España en una potencia de segunda fila.[38)]

Por otro lado, muchos liberales se vieron obligados a exiliarse. La represión fue dura. Sin embargo, el ejército no resultó muy afectado por la reacción. Se mantuvieron elementos liberales entre la oficialidad, convirtiéndose en el germen[39)] de un liberalismo muy activo. Así se producen un elevado número de conspiraciones y pronunciamientos a lo largo de la etapa.

3.2. El Trienio liberal

En 1820 triunfa un pronunciamiento[40)] liberal. El coronel Quiroga y el comandante Riego se sublevaron en Cabezas de San Juan (Sevilla), entre las tropas. El gobierno las había concentrado en Andalucía para sofocar el movimiento secesionista[41)] de América. El monarca se vio obligado a aceptar la constitución votada por las Cortes de Cádiz en 1812, inaugurando así un período de gobierno liberal.

Pero el rey utiliza todos los recursos constitucionales para frenar las reformas. Los liberales divididos en dos fracciones, moderados y progresistas, no pudieron implantar un sistema de gobierno normal y efectivo. La oposición al régimen liberal provoca la formación de partidas realistas.[42)] Su acción más importante fue la creación de la denominada <regencia de Urgel>. Mediante los alzamientos realistas se perturban[43)] el orden en Cataluña y Madrid. A consecuencia de una tentativa frustrada de restablecer el gobierno absolutista, los progresistas o bien los exaltados, se apoderaron del[44)] poder. Y acentuaron las reformas de carácter revolucionario.

En el plano internacional, el triunfo de los liberales en España había tenido

---

38) potencia de segunda fila : 2등급 국가
39) el germen : 근원, 씨
40) el pronunciamiento : 쿠테타, (판결의)선고
41) el movimiento secesionista : 분리 운동
42) partida realista : 왕정파
43) perturbarse : 동요하다, 문란하다
44) apoderarse de : ~을 점령하다

amplias repercusiones, provocando el recelo de las potencias absolutistas. Entonces Fernando VII solicitó la ayuda a la Santa Alianza[45], que los soberanos de Rusia, Prusia y Austria habían constituido en 1815 para defender los principios del absolutismo en Europa.

El Congreso de Verona decidió intervenir en España para restablecer al rey en la plenitud[46] de sus derechos. La intervención de Francia se llevó a cabo en 1823, sin grandes dificultades, por un ejército llamado <los Cien Mil Hijos de San Luis>. Así termina el trienio liberal con el restablecimiento del absolutismo.

3.3. La Independencia de la América española

La causa principal del movimiento de emancipación de las colonias españolas en América, hay que buscarla en la formación de una conciencia[47] revolucionaria. Esta sirvió los intereses económicos y políticos de la burguesía colonial. En las colonias se había formado una nueva casta social, la de los criollos.[48] Eran enriquecidos por el comercio o por la propiedad. Los criollos se veían alejados de las cosas públicas por la burocracia española. Pero las circunstancias excepcionales favorecieron la conquista del poder por los criollos, a consecuencia de la invasión napoleónica y la consiguiente paralización[49] de los medios represivos del estado español.

En 1808 llegaron a las colonias españolas las noticias referentes a los sucesos del Dos de Mayo en Madrid. Si en la Península ibérica el alzamiento nacional[50] había cristalizado en la formación de Juntas provinciales, lo mismo ocurrió en América. En nombre de Fernando VII y en defensa de[51] la Corona española, se constituyeron Juntas locales y virreinales. Pero su fin concreto fue la subversión de las autoridades legítimas y la toma del poder por el criollismo. Sólo más tarde

45) Santa Alianza : 신성 동맹
46) la plenitud : 완전함, 절정
47) la conciencia : 자각, 의식
48) el criollo : 중남미 태생의 백인
49) la paralización : 무력화
50) el alzamiento nacional : 국가적인 봉기, 반란
51) en defensa de : ~을 방어하는

los elementos revolucionarios se decidieron a dar el paso definitivo : romper con España y establecer una constitución propia, de tipo liberal afrancesado.

Las Juntas americanas se negaron[52] a aceptar la autoridad de la Junta Suprema Central. La de Buenos Aires fue la primera que proclamó su independencia en mayo de 1810. Las tropas enviados por España sofocaron la rebelión entre 1814 y 1815, excepto en Buenos Aires. Pero, poco después, resurge el movimiento emancipador. Esta emancipación cuenta con dos importantes figuras militares : Simón Bolívar y José de San Martín. El primero consiguió la independencia de Colombia, Venezuela y Ecuador.

El ejército de San Martín, después de la independencia de Argentina, logró la independencia de Chile. México proclamó también su independencia en 1821. La última gran batalla de la emancipación fue la de Ayacucho (1824). Tras ella desaparece la resistencia española. Los territorios americanos pueden considerarse perdidos para siempre, con excepción de Cuba y Puerto Rico.

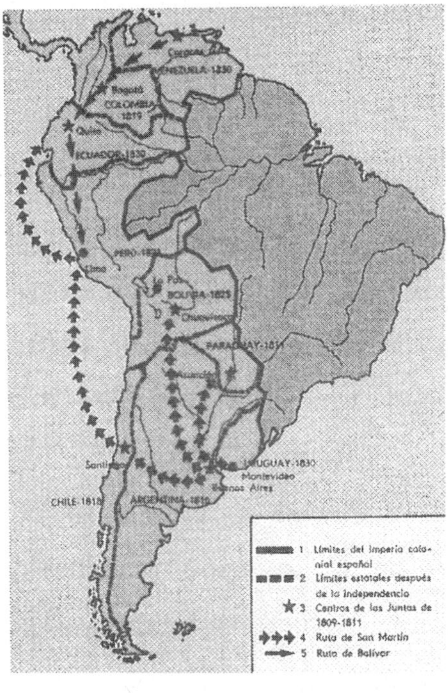

Independencia Hispanoamericana

La trayectoria histórica seguida por la América hispana, después de la consecución de su independencia nacional, difiere[53] radicalmente de los Estados Unidos del Norte. Sobre todo hay que resaltar las diferencias entre la vida política de los países anglosajones e hispanoamericanos durante el siglo XIX. En aquellos se implanta una democracia de carácter tradicional.

52) negarse a + inf : ~하는것을 거절하다
53) diferir de : ~와 다르다

En cambio, en estos existen la anarquía política en la irregularidad gubernamental, los golpes de Estado[54], las dictaduras personalistas[55] y los caudillajes de todo orden.

3.4. La Década Ominosa[56]

En 1823 se abre el último período en el proceso político del reinado de Fernando VII. El retorno al absolutismo da lugar a una dura represión contra los liberales y a una oleada de emigración de estos hacia Francia e Inglaterra. Allí los exiliados conspiran y mantienen contactos con el liberalismo y el romanticismo europeos.

Desde 1826 se advierte en la actitud del rey una cierta suavización respecto a los liberales más moderados. Esto provoca una reacción entre los absolutistas. Y da lugar a la formación de los apostólicos. Era un partido absolutista en torno al infante don Carlos, hermano y heredero de Fernando VII.

Los apostólicos[57] se levantaron en el norte de Cataluña en 1827. El movimiento resultó muy difícil de dominar. En este período no hubo una política exterior definida. Y la política interior se limitó[58] a vivir al día frente al caos financiero y a los pronunciamientos liberales. Estos fueron en general movidos desde el exterior por los emigrados.

---

54) el golpe de Estado: 쿠데타
55) personalista : 이기적인, 개인적인
56) Década Ominosa : 불길한 10년
57) el apostólico : 강경주의자, 사도파
58) limitarse a + inf : ~에 국한되다

3.4.1. El Problema sucesorio[59]

Las disensiones[60] entre liberales y absolutistas iban a dar origen[61] al carlismo, problema al mismo tiempo dinástico, político e ideológico. El problema dinástico surgió con el nacimiento de la princesa Isabel, hija de Fernando VII y de su cuarta esposa, María Cristina de Borbón. En 1713 Felipe V había introducido en España la Ley sálica francesa, según la cual las mujeres no podían reinar. En 1789 las Cortes aprobaron una pragmática sanción, que abolía la Ley Sálica. Pero no fue publicada. En 1830, en previsión del[62] nacimiento de una niña, se hizo pública[63] la Pragmática Sanción.

Maria Cristina de Borbón, cuarta esposa de Fernando VII*

59) sucesorio(a) : 계승의
60) la disensión : 알력, 분쟁
61) dar origen a : 태어나게 하다
62) en previsión de : 예견하면서
63) hacer público : 알리다

Durante una grave enfermedad del rey se advierte un cambio en su trayectoria política. La reina María Cristina busca el apoyo de los absolutistas más moderados en favor de la sucesión de su hija, inclinándose cada vez más hacia los liberales. En cambio los partidarios del infante, los carlistas, rechazan la regencia como ilegítima. Se niegan a reconocer como heredera a Isabel.

Isabel II, todavia niña*

Mientras los carlistas defendían las esencias tradicionales como fueros, catolicismo, y monarquía absoluta, los cristinos[64] se caracterizan por las corrientes

64) el cristino : 끄리스띠나 섭정 여왕 지지자

europeizantes como liberalismo, constitucionalismo y soberanía nacional. Inmediatamente después de la muerte de Fernando, en 1833, empezó la guerra civil.

Gerónimo Valdés, jefe cristino del ejército del Norte*

Tomás de Zumalacárregui, jefe del ejército carlista*

3.4.2. La Guerra carlista

Como previsto, se produjeron varios levantamientos de voluntarios realistas adictos[65] a don Carlos en septiembre de 1833. El carlismo se mostró pronto muy limitado a unas áreas geográficas y a unos grupos sociales determinados. Los carlistas eran en su mayoría pequeños propietarios y campesinos del País Vasco, norte de Aragón y Cataluña y región del Maestrazgo, defensores del tradicionalismo.

65) adicto(a) a : ~에 소속된

Batalla de Mendigorría. Navarra. 1835*

Batalla de Luchana. Diciembre 1836*

El sistema de lucha fue la guerra de guerrillas, que tanto éxito había tenido frente a los franceses. En un principio los carlistas organizaron bien su ejército gracias al general Zumalacárregui. Pero su muerte, en el asedio[66] de Bilbao, significó un golpe para la causa[67] de don Carlos, aunque contaba con otros importantes jefes militares como Cabrera. En definitiva, los carlistas no pudieron resistir el empuje del ejército liberal, que al mando del general Espartero les venció en Luchana.

Al fin la guerra terminó por el Convenio de Vergara (1839), mediante el cual el ejército carlista se sometía a la reina. Este Convenio, gestionado por los generales Espartero (cristino) y Maroto (carlista), pone fin a la contienda sobre la base del compromiso. Espartero se compromete a reconocer los empleos, grados y condecoraciones[68] de los militares carlistas. Y a recomendar al Gobierno que proponga a las Cortes la concesión o modificación de los fueros. Sin embargo, el movimiento carlista rebrotaría[69] en posteriores ocasiones, como en Cataluña entre 1847 y 1860.

4. El Reinado de Isabel II

Eliminados de la legalidad política los absolutistas, la reina Isabel II necesitaba buscar el apoyo de los liberales. A lo largo de su reinado el régimen liberal será desarrollado e interpretado de modo diferente por dos sectores del liberalismo. Uno, el moderado y el otro, el progresista.

El moderado sustenta[70] un liberalismo doctrinario basado en la posesión de la soberanía nacional conjuntamente por la Corona y las Cortes. En cambio, el progresista se sitúa en una posición radical, según la cual la soberanía nacional está exclusivamente en manos de las Cortes. Más tarde, del grupo extremista de los

---

66) el asedio : 포위
67) la causa : 주의, 주장, 운동(사상)
68) la condecoración : 서훈, 훈장
69) rebrotar : 재발하다
70) sustentar : 지지하다

progresistas surgirá el partido demócrata.[71] Este defiende el sufragio universal[72] y la concesión de amplias libertades (imprenta, reunión, asociación).

Puesto que la Corona apoya el moderantismo[73], resulta muy difícil al progresismo llegar al poder. Los progresistas sólo obtienen el poder mediante levantamientos o pronunciamientos. De ahí hay dos grupos muy influyentes en la sociedad de la época, la burguesía y el ejército. Estos tendrían mucha importancia en cuanto a la adscripción a uno u otro partido político. Respecto al papel del ejército en el desarrollo político, es evidente que las grandes figuras políticas desde 1820 a 1874, han salido de sus filas.[74]

4.1. La Epoca de las Regencias

Los diez años de la época de las regencias habían sido azarosos.[75] España había vivido una larga guerra civil, visto promulgadas tres constituciones distintas. Se habían sucedido dieciocho gobiernos, caídos todos ellos en medio de protestas y fracasos. Los partidos, moderados o progresistas, se turnaron[76] en el poder con frecuencia durante la minoría de edad de Isabel.

4.1.1. La Regencia de María Cristina

Al morir Fernando VII en 1833 se encargó[77] de la Regencia su viuda María Cristina, porque su hija heredera, Isabel sólo contaba tres años de edad. Simultáneamente se produjo el levantamiento carlista que iba a provocar una guerra civil de siete años.

En menos de dos años, el absolutismo moderado da paso[78] al liberalismo moderado y al liberalismo progresista. El gobierno pasaba cada vez más a manos

---

71) el partido demócrata : 민주당
72) el sufragio universal : 보통선거
73) el moderantismo : 온건주의
74) las filas : 군대
75) azaroso(a) : 위태로운
76) turnarse : 교체하다
77) encargarse de : ~을 책임지다
78) dar paso a : ~에 양도하다

radicales. Con el intento de detener la oleada revolucionaria, la regente entregó el poder a Alvarez Mendizábal, liberal exaltado, largo tiempo exiliado en Inglaterra. La obra de Mendizábal se ha limitado a solucionar los problemas financieros y a reorganizar el ejército. Intentó suprimir las órdenes religiosas[79] y desamortizar sus tierras.

Después de su caída, la regente entrega el poder a los moderados. Pero los progresistas exigen, mediante el motín de La Granja, la promulgación de una constitución de tipo liberal avanzado. Además el general Espartero toma la jefatura del gobierno, quien había adquirido gran prestigio gracias a sus victorias sobre los carlistas. Los desacuerdos[80] entre Espartero y la regente fueron constantes, hasta el punto que María Cristina renunció a la Regencia en marzo de 1840.

Retrato del general español Baldomero Espartero (1793-1879)*

79) las órdenes religiosas : 종교 단체
80) el desacuerdo : 불일치

4.1.2. La Regencia de Espartero

Nombrado regente el general Espartero, el progresismo no se mantendrá más de tres años en el poder. Aparecerán los problemas de la constante oposición violenta de los mandos, de la disensión entre los miembros del gobierno y de la falta de aptitudes políticas del regente.

En noviembre de 1842, ante la firma de un tratado comercial con Inglaterra, por su carácter librecambista[81] podría perjudicar[82] a la industria textil catalana. Entonces se produce un levantamiento de la burguesía y los obreros en Barcelona. Esta ciudad era considerada como baluarte[83] del progresismo. Las drásticas medidas, como el bombardeo[84] de Barcelona, contribuyen a un ambiente general en contra del gobierno progresista. En mayo de 1843 estalla un levantamiento general. Y dará el triunfo a los moderados dirigidos por otro general, Narváez. Para evitar el nombramiento de un tercer regente se adelanta la mayoría de edad de la Reina.

Puerta de Toledo

81) librecambista : 자유 무역의
82) perjudicar : 손해를 끼치다
83) el baluarte : 거점
84) el bombardeo : 폭격

4.2. La Mayoría de Edad de Isabel II

La época isabelina no fue tranquila en absoluto. España vive en ella una notable recuperación demográfica y un moderado desarrollo económico. Vive también la incapacidad de sus clases dirigentes por arbitrar[85] una organización política estable. Y presencia el lento proceso de proletarización de las masas más modestas.

Isabel II, 1845*

4.2.1. La Década moderada[86]

Los moderados se mantienen en el poder durante todo el reinado de Isabel II, excepto los dos años del bienio progresista. En los primeros meses de 1844 los moderados consiguen desplazar a los progresistas. Llegan al poder bajo la presidencia del general Narváez. Una de sus primeras actuaciones es la reforma de la Constitución de 1837. Mientras para la Constitución del 37 la base era la

85) arbitrar : 중재하다, 조정하다

86) la década moderada : 온건주의 10년 시대

soberanía nacional, para la del 45 la base son la Monarquía y las Cortes.

El poder del gobierno se hizó aún más fuerte a consecuencia de la revolución europea de 1848. La única influencia en España consistió en dar pie[87] a Narváez para convertir su gobierno en una auténtica dictadura. Para mantener el orden público, el gobierno creó un cuerpo armado[88], de organización militar : la Guardia Civil.[89]

En 1854 el régimen moderado llega a un callejón sin salida, al que le ha llevado la corrupción interna. Al estallar el conflicto entre el senado y el gobierno, se suspenden las sesiones, dando pie para el pronunciamiento en Vicálvaro. La reina entrega el poder a Espartero, dando paso a un gobierno progresista. Este se mantendrá tan sólo dos años.

4.2.2. El Bienio progresista

Con los progresistas se inicia un proceso de cambio de régimen. Se convocan elecciones para unas cortes constituyentes. En este momento nace la Unión Liberal.[90] La obra política del bienio queda reducida a la promulgación de una nueva desamortización[91] sobre bienes religiosos y civiles. Mantiene una situación inestable a causa de los movimientos obreros. En 1856 se producen huelgas en Barcelona y disturbios[92] en Valladolid, mientras la burguesía exige el mantenimiento del orden. En definitiva el régimen progresista desemboca[93] en la suspensión de las Cortes y la dimisión de Espartero. La reina encargó formar gobierno a O'Donnell, jefe de la Unión Liberal. Era un hombre de orden para la mayor parte de la burguesía.

---

87) dar pie a : ~에 구실을 주다
88) el cuerpo armado : 무장 조직
89) la guardia civil : 경찰대, 민병대
90) la Unión Liberal : 자유 연합
91) la desamortización : 양도, 매각, 한정상속 폐지
92) el disturbio : 소요, 문란
93) desembocar en : ~로 흘러들다, 이어지다

4.2.3. La Epoca de la Unión Liberal

En el último período del reinado de Isabel II, el moderantismo ha evolucionado hacia una mentalidad ecléctica.[94] O'Donnell y Narváez presiden los gobiernos que se turnan. O'Donnell intentará al final realizar algunas modificaciones en el moderantismo. Su labor moderada queda patente en la suspensión de la desamortización eclesiástica y en la restauración de la Constitución de 1845.

De cara al exterior, se realizan varias aventuras militares. La más importante es la guerra de Africa (1859-1860), iniciada para defender las plazas españolas del norte de Africa (Ceuta y Melilla) de los ataques marroquíes. Las tropas españolas vencen brillantemente a los marroquíes, pero los resultados desde el punto de vista económico o territorial son escasos.

La falta de fuerza ideológica de los grupos en el poder y la crisis económica europea de 1865-1866 contribuirán al hundimiento del régimen. A la discordia[95] entre moderados y unionistas se une el peligro de la alianza entre progresistas y demócratas. Eso queda patente en el pacto de Ostende para decidir el destronamiento de Isabel II. Muerto O'Donnell, el general Serrano se hace cargo de la jefatura de la Unión Liberal. Y se adhiere[96] a aquel pacto. Así la reina se queda sin apoyo.

4.2.4. La Revolución de 1868

Durante los fines del reinado de Isabel II existe una crisis económica general en Europa. La crisis interna del moderantismo español coloca a la Corona en una difícil situación. Además hay una crisis política originada por[97] la desaparición de las principales figuras del moderantismo y del unionismo. La reina era unánimemente[98] considerada como insoportable, a causa de su vida privada. Las

94) la mentalidad ecléctica : 절충적인 사고
95) la discordia : 다툼, 내분, 싸움
96) adherirse : 가입하다
97) originarse por : ~로 야기되다
98) unánimemente : 만장일치로

intrigas de los favoritos se convirtieron en objeto de públicas habladurías.

Se va gestando así el movimiento que estallará en Andalucía en septiembre de 1868. Había sido preparado previamente por juntas revolucionarias, constituidas por demócratas y progresistas. Generalizado el movimiento en Andalucía, pronto se extendió a otros lugares del país. El apoyo de Barcelona y de toda la zona mediterránea fue definitivo para el triunfo de la revolución. Isabel II se traslada a Francia. Se constituye un gobierno provisional[99)] bajo la presidencia del general Serrano.

4.3. Los Cambios en la Economía y en la Sociedad

En el primer cuarto del siglo XIX se rompe definitivamente el modelo de crecimiento económico que se estaba implantando en el siglo anterior. La interrupción del comercio con América, a raíz[100)] de las guerras contra Inglaterra, se agrava durante la guerra de la Independencia española. Esto aparece como hecho irreversible[101)] a raíz de la independencia de las colonias americanas. La pérdida de las colonias significa para España su automática descalificación como potencia de primer orden.

También hay que añadir la disminución de la producción agraria provocada por las malas cosechas. Se destaca un importante frenazo[102)] al movimiento de crecimiento de la población debido a la guerra. Sólo a partir de 1820 se inicia una lenta recuperación económica. Una vez perdido el mercado americano, ya sólo el mercado interior podrá actuar como estímulo[103)] para el desarrollo de la producción agrícola e industrial.

Mientras la política de Fernando VII impidió durante mucho tiempo la industrialización del país, en el reinado de Isabel II la economía industrial experimentó un crecimiento indudable. Pero no alcanzó los niveles de los países

99) el gobierno provisional : 임시 정부
100) a raíz de : 근원이 되어
101) irreversible : 돌이킬수 없는
102) el frenazo : 제동
103) el estímulo : 자극, 인센티브, 격려

más desarrollados de Europa. Sin embargo, el emplazamiento geográfico de la población y la distribución por actividades económicas nos transmiten la imagen de una sociedad ruralizada. Casi el 82 % de la población vivía en el medio rural. Un 72 % aproximadamente se dedicaba a la agricultura u obtenía sus ingresos de ella.

4.3.1. La Expansión demográfica

La expansión demofráfica española entre 1800 y 1860 parece coincidir[104) bastante aproximadamente con el índice de la Europa occidental. De unos 11 millones en 1808, la población española pasa a 15,5 millones de habitantes en 1857. Pero este crecimiento demográfico no fue paralelo al proceso de industrialización. Por ello, España experimentó[105) una fuerte emigración exterior, sobre todo a América y a Africa del Norte. Hay que advertir que el gobierno contenía[106) la emigración a América hasta la aparición de la Real Orden de 1853.

4.3.2. El Mundo agrario

A raíz de la separación de la América española se extendió el área cerealística[107) en España. Esta fue aumentada por las nuevas roturaciones después de la desamortización. De modo que entre 1820-1860 llegó a cultivarse el trigo con bajos rendimientos. El otro producto que experimentó una fuerte expansión fue el viñedo. Este componía la más importante exportación española durante varios decenios. Pero el progreso de la agricultura se vio frenado por la falta de capacidad inversora de beneficios. La poca capacidad adquisitiva[108) de la población campesina restaba[109) posibilidades al sector agrario de crear el mercado necesario al progreso industrial.

---

104) coincidir con : ~와 일치하다
105) experimentar : 경험하다
106) contener : 포함하다, 억누르다, 제지하다
107) cerealístico(a) : 곡물의, 곡식의
108) la capacidad adquisitiva : 구매력
109) restar : 빼다, 제거하다, 남다

4.3.3. El Desarrollo industrial : el Ferrocarril

La revolución industrial se inició en España en fechas bastante tempranas, pero con un lento ritmo de crecimiento. Hasta la primera etapa del siglo XIX la economía oscila entre dos modelos económicos difícilmente conciliables.

Por una parte existe un pequeño núcleo de burguesía industrial periférica. Sobre todo, la catalana aspira a crear una industria moderna sin disponer[110] ni de una industria metalúrgica básica, ni de unos medios de financiación importantes, ni de un mercado suficiente. La burguesía necesitaba una política económica rígidamente proteccionista[111] para salvar su experiencia.

Los constructores y accionistas de la línea Barcelona-Mataró, hacia 1848*

Ante los altos costes previsibles de financiación y ante la escasez de capitales propios disponibles, se facilitan[112] las inversiones extranjeras. El capital

110) disponer de : ~을 준비하다
111) proteccionista : 보호주의의
112) facilitarse : 제공되다

extranjero, especialmente el francés, acudió a España para financiar la Deuda del Estado y la construcción de la red ferroviaria. Gracias a la introducción del ferrocarril, en el período 1830-1850 las industrias catalanas se lanzaron a un proceso de modernización técnica.

En 1848 inauguró la primera línea de ferrocarril entre Barcelona y Mataró. A lo largo de los años siguientes la articulación fundamental de la red ferroviaria sigue un esquema radial[113)] con el centro en Madrid. Desde un punto de vista general, el ferrocarril vino a poner en conexión directa con la economía mundial las regiones interiores, hasta entonces aisladas.

4.3.4. Las Transformaciones de la Sociedad

Los cambios que experimentó la economía española a lo largo del siglo XIX transformaron profundamente la sociedad. A principios del siglo tenía todas las características de una sociedad preindustrial del Antiguo Régimen. Poco a poco termina el proceso de disolución de la sociedad estamental durante el segundo tercio del siglo, sustituida por una sociedad de clases.

Las modificaciones afectan a la mentalidad aristocrática antigua, abriendo paso a nuevos estilos de vida más pragmáticos.[114)] La aristocracia va perdiendo la función propia de la estructura estamental. Pero conserva una persistencia formal, que se traduce en las relaciones sociales, en la ostentación[115)] y el lujo.

Por de pronto, en las clases medias se distinguen los elementos heterogéneos[116)], diferenciados por su condición profesional y por su nivel económico, como el clero, los empleados, el ejército, las profesiones liberales, etc.

Por último, la condición de las clases más pobres se empeora. Por debajo del proletariado tradicional y del nuevo proletariado fabril aparece un subproletariado. Este lo forman los emigrantes sin empleo y el hampa[117)] de las grandes ciudades.

---

113) radial : 방사형의
114) pragmático(a) : 실용적인
115) la ostentación : 허세, 허식
116) heterogéneo(a) : 이질적인
117) el hampa : 불량배(조직)

Era propicio a ser utilizado para la agitación. Pues los progresistas lo utilizaron varias veces como instrumento político.

4.4. La Cultura

El primer tercio del siglo XIX es para la cultura española una época de colapso.[118] La violenta restauración del absolutismo de Fernando VII provocó dos fuertes oleadas emigratorias. Su resultado fue la pérdida de importantes minorías de intelectuales y el retraso de la cultura en relación con la europea.

El movimiento cultural romántico tarda[119] bastante en penetrar en España, ya que las medidas de Fernando VII fueron como una barrera para la introducción del pensamiento europeo. Con el regreso de los emigrados liberales, en 1832 triunfa el romanticismo con su aportación ideológica y literaria. En los años sucesivos se van produciendo los grandes éxitos del teatro romántico : La Conjuración de Venecia, de Martínez de la Rosa; Don Alvaro o la fuerza del sino[120], del duque de Rivas; El trovador, de García Gutiérrez.

En la labor de exaltación histórica y cultural y en la elaboración teórica del regionalismo[121] destaca el fenómeno nacionalista en Cataluña frente al centralismo de Castilla.

En los dos centros comerciales más importantes de la Península a principios del siglo XIX -Cádiz y Barcelona- existían núcleos de burguesía. Su contacto con el exterior les permitía introducir las polémicas[122] europeas en torno al Romanticismo. En este aspecto tiene gran importancia Nicolás Böhl de Faber, alemán establecido en Cádiz. Faber tradujo a Schlegel y dio a conocer las teorías de su compatriota sobre los caracteres románticos del teatro español del Siglo de Oro.

---

118) el colapso : 쇠약
119) tardar en + inf : ~하기에 늦다
120) el sino : 운명, 결점
121) el regionalismo : 지방주의
122) la polémica : 논쟁

4.5. El Arte

Durante siglos, la iglesia había sido el gran cliente de los artistas españoles. Por esto había producido el carácter eminentemente religioso del arte. Pero la crisis del estamento eclesiástico y la pérdida de la preeminencia económica hacen que a lo largo del siglo se construyan muy pocas iglesias. Y se realicen muy pocos encargos a pintores y escultores. Los nuevos clientes del artista serán : el Estado y la burguesía. Se va forjando[123] así un nuevo gusto[124] del público. En cierta forma se denomina el gusto burgués.

En arquitectura predominó un dirigismo[125] tan profundo que apenas existen atisbos[126] de originalidad. Durante el reinado de Fernando VII la Academia de Bellas Artes impuso unas normas neoclásticas. Estas son continuadas de un modo similar por la Escuela de Arquitectura durante el reinado de Isabel II. Se destacan la Puerta de Toledo en Madrid y el Liceo de Barcelona.

En el campo pictórico, a pesar de la fuerte influencia academicista, aparecen tendencias románticas como importancia del color, subjetivismo y sentido imaginativo, y temas históricos y exóticos. Existen dos trayectorias diferentes : la del gusto oficial y la del romanticismo marginado. Dentro de la tendencia oficial se destacan El testamento de Isabel la Católica, de Eduardo Rosales y El fusilamiento de Torrijos y sus compañeros, de Gisbert. Sobre todo, el gran pintor romántico sería Eugenio Lucas (1821-1870), testigo de la sociedad de su época, que buscó temas exóticos en Marruecos.

---

123) forjarse : 만들다, 고안하다
124) el gusto : 취향
125) el dirigismo : 규제, 통제
126) el atisbo : 엿보기, 살피기

3. La Segunda Mitad del Siglo XIX : Revolución y Restauración

1. El Sexenio revolucionario

El sexenio revolucionario[1] comprende entre el destronamiento de Isabel II y la Restauración de 1874. La primera impresión que el sexenio nos ofrece es desordenada, abigarrada[2], difícil de reducir a líneas coherentes.[3] Es demasiado para llenar seis años de historia política. Desde los principios de la revolución de 1868 se intentará crear en España un sistema de gobierno democrático. Cuando los revolucionarios triunfan definitivamente contra las tropas de la Corona se constituye un Gobierno provisional bajo la presidencia del general Serrano. Esto significará que el movimiento revolucionario queda en manos de los más moderados.

En la actividad política de estos años se advierte la participación de cuatro bloques políticos, unionistas, progresistas, demócratas y republicanos. En el campo de acción intervienen también el movimiento obrero y la cuestión de Cuba, ahora iniciada.

1.1. La Constitución de 1869

El gobierno provisional convocó elecciones para unas Cortes Constituyentes[4], en las que dominaron los partidos triunfantes en la Revolución. Las Cortes elaboraron y promulgaron la nueva Constitución de 1869. Esta establecía como forma de gobierno una monarquía que respetase la soberanía nacional. También se establece en ella el sufragio universal, así como la libertad de prensa, asociación,

1) el sexenio revolucionario : 6년간의 혁명
2) abigarrado(a) : 뒤범벅이 된
3) coherente : 일관된, 일관성이 있는
4) las Cortes Constituyentes : 제헌 국회, 입법 의회

reunión, enseñanza, y culto. Pero el Estado se comprometía a sostener el culto católico. El general Serrano fue nombrado regente de esta monarquía. Prim se encargó de presidir el gobierno y de buscar un rey para España, con la oposición abierta[5] de republicanos y de carlistas.

El proceso de los seis años de crisis revolucionaria se divide en tres etapas : monarquía constitucional, república federal y república unitaria y presidencialista[6], para desembocar en la restauración borbónica.

1.2. El Reinado de Amadeo I

Las candidaturas para el trono español eran numerosas : unas fueron rechazadas por las Cortes, otras por los propios interesados o bien por la política internacional. En definitiva, triunfó la candidatura[7] de Amadeo de Saboya., hijo de Víctor

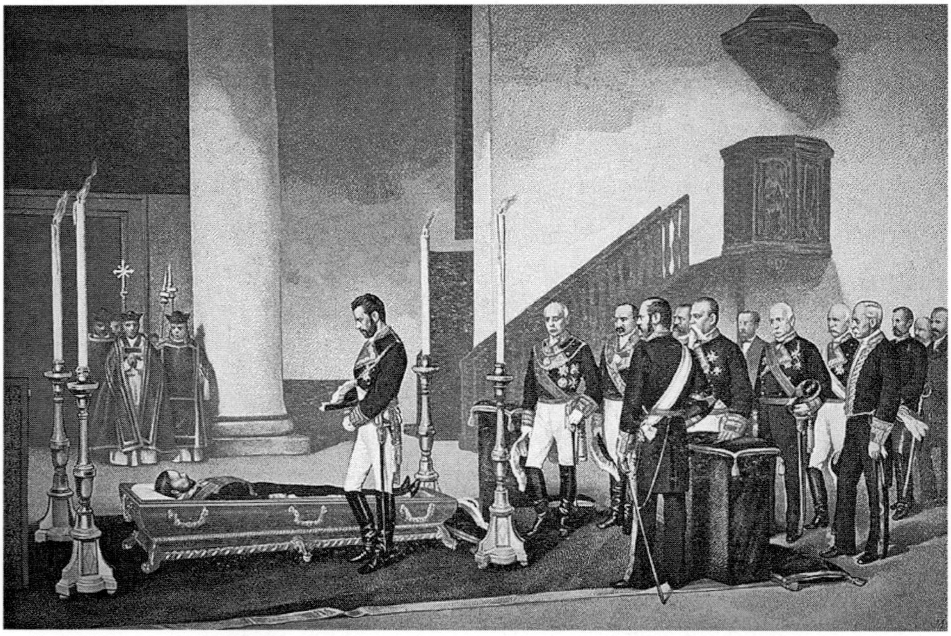

Amadeo I frente al féretro del general Prim, 1870*

5) la oposición abierta : 공개적인 반대
6) presidencialista : 대통령 중심제의
7) la candidatura : 후보

Manuel II. Al unificar Italia frente al Papado y a Napoleón III su padre era un símbolo de libertad política para los liberales.

El nuevo rey era joven. Con auténtico sentido del constitucionalismo[8] monárquico llegó a España al finalizar el año 1870. Pero, al mismo tiempo, Prim moría asesinado. Desde el primer momento el rey Amadeo I se encontró con una situación política inestable. En las Cortes, tenía bastante fuerza el bloque de la oposición -republicanos, carlistas, alfonsinos-, mientras aumentaban las disensiones[9] en el bloque progresista-unionista-demócrata, sobre el que se asentaba el régimen.

En el campo carlista triunfaron los partidarios del movimiento armado, que propugnaba el mismo Carlos VII. Proliferaron[10] las partidas carlistas en Aragón, Valencia, Navarra, el País Vasco y, especialmente, en Cataluña. Pero la burguesía y el proletariado no se sintieron en absoluto dispuestos a adherirse al carlismo. Hubo también un levantamiento federalista en El Ferrol. Pero lo que verdaderamente decidió a Amadeo I a abdicar fue la escasa altura del juego político español, donde predominaba el egoísmo[11] de los partidos frente al bien común. El rey fue incapaz de reinar en el país ante la imposibilidad de imponer el orden y restablecer la armonía.

1.3. La Primera República Española

La primera República dura pocos meses. Para una solución de urgencia, en vez de convocar elecciones para unas nuevas Cortes, se reunieron conjuntamente el Congreso y el Senado para proclamar la República por 258 votos contra 32. El presidente fue Estanislao Figueras. El republicanismo español contaba con importantes figuras dentro del ámbito ideológico. Pero no tenía ninguna experiencia en el campo práctico. Por otra parte, conviene recordar la división interna entre federalistas y unitarios.

---

8) el constitucionalismo : 헌정주의
9) la disensión : 불화, 분쟁
10) proliferar : 증식하다
11) el egoísmo : 이기주의

En junio de 1873 las Cortes proclamaron la República federal. Figueras fue sustituido[12] por Pi y Margall. Las Cortes elaboraron una nueva Constitución, que no llegó a ser aprobada. Según esta, el país quedaría constituido por quince Estados federales, a los que se unen Cuba y Puerto Rico. Pronto estallaron en toda España movimientos cantonalistas[13] de carácter social. Era el resultado práctico de la interpretación particularista. El presidente Pi y Margall dimitió y fue sustituido por Nicolás Salmerón. El ejército pudo dominar la sublevación, excepto en Cartagena. En esta situación, las disensiones entre los republicanos se hicieron patentes. El federalismo se veía desacreditado[14] a causa del movimiento cantonalista. Y dio más fuerza a los unitarios.

Después de la dimisión de Salmerón, el nuevo presidente fue Emilio Castelar, también unitario. Castelar declaró el federalismo fuera de la ley, dando así un golpe de muerte[15] al republicanismo. Pero consiguió el apoyo de los elementos conservadores. El gobierno debía continuar la lucha contra el cantón de Cartagena y contra los carlistas. Pero su enérgica acción fue considerada como dictatorial.

Las Cortes reanudaron sus sesiones en enero de 1874. Puesta a votación la cuestión de confianza, Castelar tuvo 120 votos en contra y sólo 100 a favor. Ante estos hechos la burguesía buscó la ayuda del general Pavía, capitán general de Madrid, quien preparó un golpe de Estado. Por fin, Castelar dimitió. El general Serrano fue encargado de un nuevo gobierno provisional.

---

12) ser sustituido por : ~로 대체되다
13) cantonalista : 지방분리주의의
14) desacreditado(a) : 신용이 떨어진, 명성이 떨어진
15) el golpe de muerte:치명적인 타격

2. La Restauración monárquica

Después de la disolución de las Cortes, Serrano se apoyó en el Ejército y en el partido alfonsino. Esta organización fue creación de Antonio Cánovas del Castillo, fundador del partido liberal-conservador. Cánovas se había mantenido siempre en la legalidad[16] durante el período republicano. Preparó concienzudamente[17] el regreso de la monarquía borbónica mediante hábil política de prestigio. Para eso, era totalmente necesario eliminar la figura, tan desacreditada, de Isabel II.

Habiendo conseguido la abdicación de la reina en favor de su hijo Alfonso, Cánovas preparó un Manifiesto que el principe envió al país desde el colegio inglés de Sandhurst. En este manifiesto el futuro rey prometía un gobierno plenamente constitucional y la ausencia total de represalias.[18] El general Martínez Campos se pronunció en Sagunto, proclamando la restauración de la monarquía borbónica en la persona del rey Alfonso XII.

Entrada triunfal de Arsenio Martínez Campos en La Habana, 1878*

16) la legalidad : 합법성
17) concienzudamente : 성실하게
18) la represalía : 보복

Alfonso XII*

Arsenio Martinez Campos*

El país está afanosamente[19] buscando una estabilidad política, dejando a un lado los graves problemas sociales y económicos de España. Durante la Restauración no se produce ningún pronunciamiento militar importante. Se consigue la pacificación[20] del norte carlista. La Constitución de 1876 tiene un largo período de vigencia.

2.1. El Reinado de Alfonso XII

Tras un pronunciamiento de Sagunto, se constituyó un gobierno presidido por Cánovas. Después de la llegada a España del joven rey Alfonso XII (1875-1885), una comisión de personalidades políticas preparó las bases de la futura Constitución. Se realizaron las elecciones por sufragio universal, para las Cortes constituyentes. La Constitución de 1876, fuertemente inspirada en el pensamiento de Cánovas, consideraba que la soberanía reside en las Cortes con el rey. Aunque la declaración de derechos es muy similar a la de la constitución del 69, se restringe la libertad de cultos a una simple tolerancia. Se declara que la religión

19) afanosamente : 매우 열심히, 매우 부지런히
20) la pacificación : 평정

católica es la del Estado. Las Cortes constarán de dos cámaras : Congreso de los diputados y Senado. El rey conservaba el poder ejecutivo.

Boda de Alfonso XII y María de las Mercedes de Orleans, 1878, en la basílica de Atocha, dibujo de Vierge para Le Monde Illustré*

2.1.1. El Sistema canovista

En cuanto al sistema de gobierno, también llamado canovista, está basado en el modelo inglés de democracia parlamentaria : dos cámaras y dos partidos políticos. Pero está desvirtuado[21] en España por la excesiva intervención de la Corona y, posteriormente, por la pluralidad[22] de partidos.

El partido de Cánovas será denominado conservador. Recoge la herencia de moderados y unionistas, apoyándose en las clases altas como aristocracia, terratenientes y alta burguesía. Por otra parte, el partido liberal fue dirigido por Práxedes Mateo Sagasta, antiguo progresista. Su base social fue la burguesía industrial y gran parte de la población urbana. Ambos líderes y partidos establecen

21) desvirtuar : 본질을 상실하다, 좋은 점을 잃다
22) la pluralidad : 복수

un turno pacífico en el poder. En 1881 sube por primera vez al poder el partido liberal. A partir de entonces se produce una alternancia entre partidos, que contribuye al matiz[23] de estabilidad política. Cuando un partido tiene graves problemas, o pierde la confianza de las Cortes, cede su puesto al otro.

Cánovas del Castillo*

Práxedes Mateo Sagasta*

Pero este sistema del régimen tiene graves defectos, porque en realidad las elecciones no funcionan libremente, sino que son siempre manejadas desde el poder. En definitiva, el turno de partidos se produce por mutuo acuerdo de sus jefes respectivos. Pues las elecciones fueron controladas por una prepotente oligarquía[24] que dirige la vida política y la economía. Las oligarquías suelen ser los ministros, los altos funcionarios, la nobleza terrateniente y la burguesía latifundista o industrial.

Dependiendo de las oligarquías urbanas surge la figura del cacique[25], personaje destacado en el pueblo o la comarca rural. El cacique regula el movimiento político en su ámbito y controla los votos. A veces, utilizan métodos tan deshonestos como el <pucherazo>[26], definido por la Academia de la Lengua como <fraude electoral que consiste en computar votos no emitidos en la elección>. Por otra parte, un

23) al matíz de : ~양상을 띤
24) la oligarquía : 소수 정치
25) el cacique : 호족(지방의)
26) el pucherazo : 유령표(선거에서)

elevado número de ciudadanos se abstiene de[27] participar en las elecciones, demostrando así una falta de interés por el sistema.

2.2. La Regencia de María Cristina

El reinado de Alfonso XII fue muy corto. A su muerte, la reina María Cristina de Habsburgo ya esperaba un hijo. La reina se hizo cargo de la regencia. Durante la regencia de María Cristina (1885-1902) los jefes de los partidos conservador y liberal se pusieron de acuerdo para el funcionamiento pacífico de un régimen constitucional, con turno de partidos en el poder.

La discreta dignidad de la regente fue muy apreciada, pero sobrevino un desastre. La represión contra el autonomismo[28] de Cuba y la rebelión de Filipinas fracasó. Y la intervención de los Estados Unidos reveló a España su auténtica endeblez.[29] Este fin del imperio, en 1898, suscitó la oposición de los intelectuales y de las regiones activas, sobre todo Cataluña y País Vasco. Hubo que pensar en grandes cambios.

2.3. Aspectos del Reinado de Alfonso XII y la Regencia

2.3.1. La Pacificación

La característica más importante de la Restauración es la estabilidad. Se consigue la pacificación del norte carlista y de Cuba. En el Norte, la tercera guerra carlista, iniciada cuatro años antes, va a quedar liquidada en febrero de 1876. El propio Alfonso XII dirigía una amplia campaña, de un modo simbólico. Carlos VII se veía obligado a salir de la Península. La guerra se dio terminada.

En Cuba, la paz será lograda, mediante la acción hábil del general Martínez Campos, a través del <Pacto del Zanjón> (1878). Se otorgaba[30] a los cubanos una

27) abstenerse de : ~하는것을 기권하다
28) el autonomismo : 자치제
29) la endeblez : 나약함
30) otorgarse : 양도하다

amplia amnistía y los derechos propios que ya poseía Puerto Rico. Más tarde la esclavitud fue abolida.[31] Pero las concesiones parecieron escasas a los que había luchado por la autonomía y excesivas a los españoles establecidos en la isla.

2.3.2. La Centralización

La obra del sistema canovista consiste en la labor de uniformación[32] jurídica y administrativa siguiendo el patrón[33] de Castilla. Se consolidó el uniformismo administrativo establecido por la división provincial de 1833. Se suprimió la escasa autonomía que tenían las provincias. Después de la victoria sobre los carlistas se planteó la supresión de los fueros del País Vasco. Discutido el asunto en las Cortes, tanto conservadores como liberales consideraron necesaria la abolición. Sin embargo se conservaron las particularidades del derecho civil, como en Cataluña. Y se establecieron unos conciertos económicos, como en Navarra.

Alfonso XII con su segunda esposa, María Cristina de Habsburgo-Lorena*

El afán de centralización se muestra también en la labor de codificación. Así nacen el Código de Comercio, la Ley de Enjuiciamiento Criminal y el Código Civil.

31) abolir : 폐지하다
32) la uniformación : 단일화
33) el patrón : 원형

Acorazado Maine entra en el puerto de la Habana, 1898*

2.3.3. La Crisis del 98 : La Guerra de Cuba

Los últimos años del siglo XIX coinciden con el final del primer período de la Restauración. Durante ellos se advierte la incidencia de una grave crisis de triple aspecto : crisis económica, crisis social y crisis internacional. Esta crisis está íntimamente relacionada con una crisis interna del mecanismo de la Restauración. Sobre todo la crisis de relaciones internacionales viene marcada por la política aislacionista[34] que había propugnado Cánovas. El ex primer ministro no quiso que España se viera envuelta en conflictos internacionales.

Casi al mismo tiempo, estalla en Cuba (1895) y en Filipinas (1896) un movimiento emancipador[35] que, a través de un proceso bélico, desemboca en la pérdida de los últimos territorios coloniales de España. A pesar de la poca extensión de estas islas, sus productos eran de gran interés para el comercio. Y además encontraba en las colonias, especialmente en Cuba, un mercado favorable para los productos peninsulares.

34) aislacionista : 고립의
35) emancipador(a) : 해방자, 해방의

Las promesas hechas por el gobierno español en el convenio de Zanjón no se llegaron a cumplir en gran parte, porque la oligarquía económica de Cuba quería evitar cualquier posibilidad de autonomía de la isla. Pero cuando se inicia, por fin, un proyecto de autonomía estalla la insurrección separatista.

José Martí*

Por un lado, los Estados Unidos habían mostrado interés en intervenir en el ámbito del Caribe por motivos económicos. Incluso habían realizado gestiones para comprar la isla de Cuba. A principios de 1898 un hecho fortuito[36], la explosión del acorazado[37] Maine en el puerto de La Habana, que Estados Unidos había enviado para proteger a sus súbditos, fue considerado por el gobierno norteamericano un atentado. Declaró la guerra a España.

España acudió a la guerra sin preparación adecuada. Su inferioridad naval frente a la moderna flota estadounidense quedó demostrada en Santiago de Cuba y en Cavite (Filipinas). Y tuvo que pedir la paz. Por el Tratado de París, España renunciaba a la soberanía de Cuba, Puerto Rico, Filipinas y la isla de Guam. Esto era el fin definitivo del imperio colonial español.

2.3.4. El Inicio del Regionalismo catalán

El evidente desarrollo económico de Cataluña en relación con las demás regiones contribuyó a la formación de una burguesía diferenciada. Esto hizo suyos los postulados[38] nacionalistas del siglo XIX, apoyándose en el renacimiento cultural de la lengua catalana. Las reivindicaciones[39] regionalistas marcharán,

36) fortuito(a) : 우연한
37) el acorazado : 순양함
38) el postulado : 가설
39) la reivindicación : (권리)회복

desde finales del siglo, paralelas a otras dos cuestiones : el deseo de ruptura con el sistema turnista de la Restauración y el afán proteccionista para la industria textil. Estas tendencias se recogen en las Bases de Manresa, programa redactado en 1892 por una asamblea catalana. Se pedía la autonomía del Principado. Con posterioridad este movimiento se endurecerá con exigencias nacionalistas.

El desastre de 98 y la crisis económica subsiguiente despertaron un sentimiento regionalista contra el poder central. La viveza[40)] del catalanismo pretendía presentar la diferenciación entre Cataluña y el Estado centralizador. Al lado del catalanismo aparecieron otros movimientos regionalistas, como en el País Vasco, Galicia y Valencia, que nacieron con menos fuerza.

2.3.5. Los Orígenes del Movimiento obrero

Con anterioridad a la revolución del 68, las sociedades obreras tuvieron un carácter muy limitado, excepto en Barcelona. A partir de 1869, la libertad de asociación y la propaganda realizada por los obreros extranjeros desarrollaron rápidamente la ideología de la Asociación Internacional de Trabajadores.[41)] En Barcelona las teorías de Bakunin cuajaron[42)] más profundamente, mientras en Madrid el movimiento obrero adquiría un matiz marxista.

En 1870 Pablo Iglesias fundó el Partido Socialista Obrero Español[43)] (PSOE) y, poco después, una organización sindical socialista, la Unión General de Trabajadores (UGT).[44)] Su acto fundacional tuvo lugar en Barcelona. Bajo el impulso de Pablo Iglesias la UGT se desarrolló ampliamente sobre todo entre los medios obreros de Madrid y del País Vasco.

Paralelamente se habían ido constituyendo asociaciones anarquistas.[45)] Al amparo de la protección legal del gobierno liberal se había creado en Barcelona la

---

40) la viveza : 생동감, 활기
41) Asociación Internacional de Trabajadores : 세계 노동자 연합
42) cuajar : 굳히다
43) Partido Socialista Obrero Español : 스페인 사회 노동당
44) Unión General de Trabajadores : 총 노동자 연맹
45) anarquista : 무정부주의의, 무정부주의자

Federación de Trabajadores de la Región Española. Sus afiliados fueron pronto muy numerosos en Cataluña y Andalucía. En años posteriores el anarquismo se limita a actividades regionales o al terrorismo individual, sin que se constituya un sindicato poderoso hasta 1910.

Por otra parte, en algunos medios eclesiásticos, surge un interés por los problemas obreros. Cuajará en la creación de las Cajas Rurales en 1892 y en la obra del padre Antonio Vicent en Valencia. El padre Vicent funda el primer Círculo Católico Obrero. Pero este sindicalismo cristiano fue muy débil.

En cuanto a la labor del Estado dentro del ámbito social fue muy limitada. En 1883 se creó la Comisión (después Instituto) de Reformas Sociales, como centro de informaciones de la vida de los trabajadores. Pero hasta 1900 no se promulgan las primeras leyes sobre accidentes de trabajo y sobre el trabajo de mujeres y niños.

2.4. El Desarrollo económico

En la época de la Restauración se sientan las bases económicas y sociales de la España actual. Las grandes potencias capitalistas ponen en marcha[46] un gran capitalismo. Este sistema económico controla la economía a nivel mundial mediante una explotación de materias primas en los países coloniales y una ocupación de mercados de dimensiones mundiales.

A partir del último cuarto del siglo la diferencia de la aceleración[47] del proceso de crecimiento va a hacerse cada vez mayor entre los países mediterráneos subdesarrollados y los países de la Europa atlántica. España sufre también este proceso. Se experimenta un crecimiento económico general y una primera fase de equipamiento industrial moderno. A esto contribuyen la estabilidad política, la coyuntura[48] europea entre 1876-1886, el crecimiento demográfico, además de las comunicaciones rápidas.

La parte del norte como Cataluña y País Vasco, incorpora formas de vida

46) poner en marcha : 진행시키다, 시동을 걸다
47) la aceleración : 가속화
48) la coyuntura : 사태, 정세

típicamente europeas. El resto del país, la España mediterránea permanece campesina y pobre por el mantenimiento de formas anacrónicas[49] de propiedad y explotaciones .

Escenas en las calles durante la noche del 11 de febrero de 1873, en la revista Le Monde Illustré.*

2.4.1. La Primacia[50] industrial del Norte

A partir de 1875 la industria textil en Cataluña experimenta de nuevo un crecimiento apreciable debido primero a una etapa de euforia económica (1876-1886) y más tarde a la adopción de medidas arancelarias.[51] Pero la pérdida de las colonias (Cuba, Puerto Rico y Filipinas) representó un serio golpe para el textil catalán.

Por otro lado, al terminar la tercera guerra carlista se formó un importante núcleo siderúrgico[52] en el País Vasco, sobre la base de los yacimientos de hierro en torno a Bilbao. Sobre todo, la afluencia[53] de capital extranjero se concentró en la

49) anacrónico(a) : 시대 뒤떨어진
50) la primacia : 우위, 우월
51) arancelario(a) : 관세의, 세관의
52) siderúrgico(a) : 제철업의

explotación minera. El capital español inició un lento crecimiento. Se concentró en algunos bancos fuertes que, tímidamente, empezaron a invertir en sociedades industriales.

Puerta del Sol (1885) tras su reforma*

La relativa incorporación del norte de la Península a formas de vida europeas va a tener unas consecuencias sociales decisivas en la historia contemporánea de España. Aparecen nuevos tipos sociales : la alta burguesía basada económicamente en la industria, o bien en la banca, y un amplio proletariado industrial. Pues la concentración de industria moderna creó las condiciones necesarias para la aparición de un proletariado moderno con una conciencia de clase.

2.4.2. La España rural

Durante la época de la Restauración hay un porcentaje elevado de población dedicado a la agricultura. Casi un 70 % de la población sigue viviendo de y para la agricultura. La situación económico-social del campo era muy diversa según las regiones. La propiedad[54] estaba muy desigualmente repartida. Los métodos de

53) la afluencia : 유입

cultivo eran muy atrasados con una productividad muy pequeña.

En las zonas periféricas[55], como Cataluña, Valencia, Vascongada y Santander, predominaba la propiedad de extensión media y el sistema de arrendamiento a largo plazo. La posición del agricultor era relativamente buena. En el Noroeste, como Asturias, León y Galicia, predominaba el minifundio[56] con una excesiva fragmentación de la propiedad. En las dos Castillas y Aragón abundaba la propiedad media, pero predominaba el sistema de arrendamientos a corto plazo.

En el resto de España, la mitad meridional predominaba el latifundio[57] con inmensas fincas, con frecuencia improductivas. Y existía un abundante proletariado rural, constituido por braceros sin tierras en propiedad.

Paseo por la playa (1909), Museo Sorolla*

A fines del siglo XIX una gran parte de la población agraria vivía en una situación económica que, con frecuencia, no alcanzaba los niveles mínimos de la

54) la propiedad : 토지, 대지
55) periférico(a) : 외곽의
56) el minifundio : 영세농지
57) el latifundio : 대농지

supervivencia. Sobre todo están en peor situación los obreros agrícolas de las zonas latifundistas como la Baja Andalucía.

2.5. La Situación social

Los cambios económicos del país, a lo largo del siglo XIX, transformaron profundamente la sociedad. Sin embargo esta no era aún la propia de un país de economía industrial capitalista. El índice de analfabetismo[58] pasa del 72 % de la población para 1877 al 59 % en 1910. Estas cifras indican una sociedad básicamente agraria no desarrollada y presentan diferencias importantes con otros países de Europa Occidental.

Dentro del sector industrial de 1917 hay un elevado porcentaje de trabajadores en pequeños talleres. Ellos representan un 10 % de la población activa. En cambio sólo un 3 % de la población activa trabaja en industrias modernas.

En el campo, unos dos millones de trabajadores no tenían tierras propias. Y un millón de propietarios eran dueños de fincas pequeñas o poco rentables. Los intentos de reforma agraria del siglo XIX no habían dado resultado. La tierra seguía estando en manos de unos pocos.

En las ciudades hay una serie de problemas sociales : salarios inseguros y bajos, jornada laboral excesiva, falta de seguridad en caso de accidente, enfermedad o vejez. La importancia creciente del problema llevará a los gobiernos a preocuparse cada vez más de estas cuestiones.

2.6. La Cultura de la Restauración

Durante la Restauración se puede hablar de medio siglo de apogeo[59] de la cultura española. Es bien conocido como la Edad de Plata. Se desarrolla hasta la guerra civil. El primer período de la Edad de Plata(1875-1902) viene marcado por un esfuerzo de europeización y por el realismo en la novela y la pintura, hasta desembocar en el naturalismo. Paralelamente se desarrollan las culturas regionales.

58) el analfabetismo : 문맹
59) el apogeo : 절정

Sin duda, la libertad de expresión contribuyó al apogeo cultural. Las posiciones de las distintas clases sociales frente a este apogeo fueron muy diversas. Las clases populares permanencen en gran parte aisladas a causa del analfabetismo. Pero cuentan con una prensa característica. Se aficionan a una cierta literatura, como folletines.

Por otro lado, la Iglesia lucha por atajar[60] el proceso de descristianización. Lo consigue en gran parte entre las clases medias, a través de la educación, pero no entre las populares.

En la época de la Restauración estalla un gran conflicto ideológico-político entre el conservadurismo del gobierno y un importante núcleo de intelectuales liberales. Estos últimos defienden la libertad de cátedra.[61] Varios profesores krausistas, entre ellos Francisco Giner de los Ríos (1839-1915), el introductor del krausismo en España, fundaron en 1876 la llamada Institución Libre de Enseñanza. La Institución funcionó como Universidad Libre y Centro de Segunda Enseñanza, alcanzando una altura científica y cultural verdaderamente notable.

Santiago Ramón y Cajal, Premio Nobel de Medicina 1906*

Al lado de esta Institución, la línea casticista[62] tiene su figura más importante en Marcelino Menéndez y Pelayo (1856-1912), renovador del tradicionalismo en España. Su labor historiográfica se sitúa entre la polémica en defensa del catolicismo y el esfuerzo de la investigación documental.

En la ciencia se destaca un nombre de relieve universal, Santiago Ramón y

60) atajar : 막다, 저지하다
61) la cátedra : 강단, 교단
62) casticista : 국수주의의

Cajal (1852-1934), médico militar en Cuba y catedrático universitario. Su dedicación investigadora en el campo de la Neurología[63] y la Histología[64] le valió el Premio Nobel de medicina en 1906.

La Casa Milà, de Antonio Gaudí*

2.7. Literatura y Arte

Desde mediados del siglo XIX, triunfa en Europa el gusto por la observación directa de los hechos y la descripción minuciosa[65] de la realidad. Esto enlaza con las tradiciones literarias españolas o pictóricas y con la literatura costumbrista coetánea[66] del Romanticismo.

En la década de los años 70 aparecen numerosas novelas realistas, como La

63) neurología : 신경학
64) la histología : 조직학
65) minucioso(a) : 자세한, 면밀한
66) coetáneo(a) : 동시대의

Fontana de Oro y Doña Perfecta de Benito Pérez Galdós, Pepita Jiménez de Juan Valera y El Escándalo de Pedro Antonio de Alarcón. Paralelamente al realismo en la novela se desarrolla el gusto por un teatro también realista.

En el último cuarto del siglo los movimientos regionalistas desarrollaron las distintas culturas frente a la castellana. Es indudable la conexión existente entre el <descubrimiento de la región> y el fenómeno del renacimiento de las culturas regionales no castellanas. Estos movimientos hacen[67] revivir las letras, las instituciones y la historia de su región. También tuvieron manifestaciones sociales y políticas. Sobre todo en Cataluña esta época corresponde a la generación de la Renaixença. Este movimiento cultural y literario ha recogido la herencia de los poetas románticos.

En cuanto al arte, durante largo tiempo perduraron las formas academicistas. Todas las ramas del arte se ven encauzadas por el dirigismo artístico y el gusto prosaico de la burguesía. En arquitectura, especialmente, faltó un estilo definido. Se mantuvieron múltiples tendencias. Con esto apareció el movimiento modernista destacando unos arquitectos como Antonio Gaudí. La pintura de historia también siguió cosechando éxitos. En la pintura de género dominó la influencia del francés Meissonnier.

---

67) hacer + inf : ~하게 만들다

Antonio Gaudí (1878)*

Parque Güell, Barcelona*

4. Reinado de Alfonso XIII : La Crisis de la Restauración

1. El Reinado de Alfonso XIII

En mayo de 1902 Alfonso XIII, cumplidos los 16 años de edad, inicia su reinado poniendo fin a la regencia de su madre, María Cristina. En contraste con la regente, Alfonso XIII mostrará gran interés por la participación activa en política. Entre 1897 y 1905 mueren los grandes políticos de la Restauración como Cánovas, Castelar, Sagasta y Silvela. Toman el relevo[1] los políticos nacidos a mediados del siglo XIX. Siguen continuando el sistema del turno pacífico de dos partidos políticos. Antonio Maura sustituye a Silvela en la jefatura del partido conservador. José Canalejas será la figura más destacada del partido liberal después de Sagasta.

Coronación de Alfonso XIII*

1) tomar el relevo : 교체하다

Alfonso XIII

La reina Victoria Eugenia con el uniforme de la Cruz Roja

La plataforma sobre la que actuarán el rey y los partidos políticos estará condicionada por dos hechos fundamentales. En primer lugar, el desastre de 1898 creó un ambiente pesimista, al mismo tiempo que un sentimiento regeneracionista. En el campo ideológico regeneracionista descuella[2] Joaquín Costa. Y el impacto producido por la primera guerra mundial exacerba[3] cuestiones apenas esbozadas como los movimientos obreristas y socialistas, el crecimiento demográfico y nacionalismos.

1.1. El Problema político

El reinado se inicia políticamente como una continuación de la etapa anterior. Pero el sistema del turno de partidos empieza a fallar, en parte porque la muerte de los grandes líderes, Cánovas y Sagasta, divide a sus seguidores. Maura mantendrá

---

2) descollar : 두각을 나타내다
3) exacerbar : 자극하다, 격앙되다

unido el partido conservador hasta 1909. Pero después de la crisis de 1909 los mauristas se enfrentan a los seguidores de Eduardo Dato o de Juan de la Cierva. De modo similar, Canalejas sustituye a Sagasta, pero después de su muerte, la jefatura del partido liberal será disputada por políticos de segunda fila.

Sin embargo, lo verdaderamente grave era que las masas del país no intervenían realmente en la vida política, a pesar del establecimiento del sufragio universal en 1890. Los dos partidos políticos, conservador y liberal, seguían utilizando el sistema caciquil para conseguir votos. De este modo, prácticamente siempre triunfaba en las elecciones el partido que estaba en el poder. Así se produjo el cambio de partidos en el gobierno no a consecuencia de una consulta electoral[4], sino porque una crisis o un amplio movimiento hacía que el rey llamara a gobernar al partido de la oposición.[5]

Por un lado, hay que tener en cuenta también que el abstencionismo electoral alcanzaba cifras muy elevadas, del 30 o 40 por ciento de los votantes, por indiferencia, o bien por inspiración anarquista. En definitiva, el resultado es la escasa participación del país en un juego político.

1.2. El Problema social

El crecimiento demográfico y económico de España durante el primer tercio del siglo XX no coincidió con el desarrollo social. Como consecuencia del continuo crecimiento demográfico, los patronos pudieron ofrecer salarios muy bajos. De pronto el proletariado vio su única fuerza en la asociación para oponer al egoísmo de la clase dirigente. Quizá el poder de una colectividad numéricamente muy grande podrá defender sus intereses.

El movimiento sindicalista adquirió auge a partir de la crisis de 1909. La UGT tenía unos 40.000 afiliados[6] en 1910. Y se acercaba a los 150.000 tres años después y a los 240.000 en 1921. También la CNT, fundada en 1911, sobrepasaba[7]

4) la consulta electoral : 국민투표
5) el partido de la oposición : 반대당, 야당
6) el afiliado : 가맹자
7) sobrepasar : 초대하다

los 700.000 en 1919. El sindicalismo cristiano adquiere fuerza a partir de 1906, alcanzando los 20.000 afiliados en 1920.

El aspecto externamente grave del problema aparecía cuando los obreros, para hacer oír su voz, acudían a la huelga, al sabotaje[8] y al terrorismo. Las crisis de 1909 y de 1917 están íntimamente relacionadas con estos hechos.

2. El Gobierno de Maura

Antonio Maura

Entre 1904 y 1909 la gran figura de la política española es Antonio Maura, que en 1903 había sucedido a Silvela en la jefatura del partido conservador. Muy discutido y atacado en su época, Maura intentó renovar tratando de conectar el país legal con el país real. Intentó crear una legislación que permitiera acabar con el caciquismo. Pero su creación, la ley de Administración Local no satisfacía totalmente las aspiraciones autonomistas de la burguesía catalana.

La política internacional de Maura tuvo un carácter realista, olvidando pasadas grandezas[9] y participando con Francia en la cuestión de Marruecos. Según la Conferencia de Algeciras de 1906, debería dividirse en dos zonas de protectorado[10], española y francesa.

El gobierno de Maura iba encaminando a formar un gran bloque derechista, que sería apoyado por la Iglesia. Esto motivó la formación de un gran bloque de izquierda. La intensa actividad antimaurista enlazó[11] con el movimiento

8) el sabotaje : 태업, 사보타아지
9) la grandeza : 위대함
10) el protectorado : 보호령

radicalista y terrorista de Barcelona, provocando la crisis de 1909 y la caída de Maura. Aunque volvió a ser jefe del gobierno posteriormente, su carrera política había terminado.

2.1. El Año 1909 : La Semana Trágica[12] de Barcelona

En julio de 1909 se desencadenó un hondo movimiento revolucionario en Barcelona, cuyas causas ya conocemos : radicalismo demagógico[13], anticlericalismo[14], antimaurismo. El motivo del estallido se basó en el descontento por la movilización de reservistas[15] y en el embarque de tropas destinadas a contener los ataques marroquíes en Melilla.

Para mantener el control del protectorado marroquí, el gobierno decidió enviar tropas a Marruecos. En seguida la propaganda socialista y anarquista difundió la idea de que los hijos de los pobres iban a la muerte para defender los intereses de los ricos. Tanto la UGT como la Solidaridad Obrera, sindicato formado principalmente por anarquistas, declararon la huelga general.

Pero esta se convirtió en una rebelión violenta. Con relativa facilidad los anarquistas fueron dueños durante casi una semana de la ciudad, extendiéndose a otras poblaciones de Cataluña. Es la Semana Trágica (del 26 al 31 de julio). Un centenar de muertos y sesenta iglesias y conventos incendiados y saqueados fueron el balance del movimiento revolucionario. Debido a la falta de dirección y de fines, la rebelión perdió impulso muy pronto, ya que los republicanos y los radicales la abandonaron a su suerte.[16]

---

11) enlazar con : ~와 연결하다
12) Semana Trágica : 비극의 주간
13) demagógico(a) : 선동적인
14) el anticlericalismo : 반교권주의
15) el reservista : 예비병
16) a su suerte : 운에 맡긴채, 운대로

Semana Trágica de Barcelona (1909)*

El gobierno de Maura decretó el estado de guerra.[17] Una vez restablecido el orden, se llevó a cabo una represión contra el anarquismo. Fue acusado como promotor moral de los sucesos de la Semana Trágica el fundador de la Escuela Moderna, Francisco Ferrer y Guardia. Pero él no tenía relación directa con los hechos. La condena y ejecución de Ferrer tuvo una gran repercusión internacional, mientras en el interior los liberales y el bloque de izquierdas unidos conseguían la caída de Maura.

3. El Gobierno de Canalejas : la Neutralidad en la Primera Guerra Mundial

El fracaso del maurismo era el del partido conservador. Siguiendo el sistema del turno de partidos, llegó al poder el partido liberal presidido por José Canalejas. Este sólo pudo gobernar tres años, porque murió asesinado por un anarquista en

17) el estado de guerra : 계엄령, 전시 사태

1912. Canalejas era conocido más bien como del ala[18] radical del partido. Y había mostrado un fuerte anticlericalismo. Con la ley de Candado se prohibía el establecimiento de nuevas órdenes religiosas sin permiso del gobierno.

En cierto modo, el intento de Canalejas constituye una experiencia regeneracionista. Su pensamiento político tiene puntos comunes[19] con el de Maura : el deseo de modernizar los partidos políticos dentro de un sistema parlamentario. También intentó dar solución a los problemas del país, como cuestión marroquí, regionalismo catalán, orden social, etc. Pero la muerte del político precipitó la desintegración[20] del partido liberal, como había sucedido con la caída de Maura.

Disgregados ambos partidos entre distintas tendencias y jefaturas, la falta de cohesión se agravó con el estallido de la guerra mundial. España decidió permanecer neutral en la guerra, aunque no le fue fácil. La prudencia de los gobiernos, la incansable acción proselitista[21] de políticos y la actitud pacifista de amplios sectores del movimiento obrero harán posible tal mantenimiento.

La guerra proporcionó la ocasión de realizar negocios con un gran beneficio. La consecuencia de esa repentina expansión económica fue el enriquecimiento extraordinario de quienes tomaban parte[22] en esta actividad. Era posible comerciar con los dos bandos a la vez. Y sobre todo, podían aprovecharse de la necesidad imperiosa que los beligerantes tenían de determinados productos. Pero el alza de los precios interiores no fue acompañada por un aumento proporcional de los salarios.

En el campo económico y social el aparente bienestar provocado por el desarrollo comercial a consecuencia de la guerra, enmascaraba[23] la verdadera situación del país. Pues nace el anarcosindicalismo en Barcelona después de la Semana Trágica. Existen un aumento de precios, insuficiencia de salarios, huelgas. Con todo esto, el malestar de los trabajadores quedó acrecentado en 1917 por la tensión política nacional e internacional. Y también, en el interior fue ocasionada

---

18) el ala : 날개
19) el punto común : 공통점
20) la desintegración : 분열
21) proselitista : 가입(개종)을 권유하는
22) tomar parte en : ~에 참가하다
23) enmascarar : 가리다

por la clausura de las Cortes, las pretensiones autonomistas de Cataluña, los desaciertos[24] del Gobierno y su inestabilidad.

4. La Crisis constitucional (1917-1923)

4.1. La Crisis de 1917

La euforia económica debida a la guerra se atenuó en 1917. Carestía de la vida, anuncio de la revolución rusa, enriquecimientos escandalosos y choques entre <aliadófilos>[25] y <germanófilos>[26] acabaron de excitar a los espíritus[27], obligándoles a definirse. En esta situación insegura el socialismo español tomó nuevo impulso. Al descontento de los obreros se unió la inquietud de otros dos grupos sociales.

Reunión de los parlamentarios catalanes el 5 de julio de 1917

Por un lado, la oficialidad del Ejército, descontenta por su situación social, formó sus Juntas de Defensa.[28] Por otro, la burguesía catalana exigió del gobierno la convocatoria de Cortes para preparar el cambio de la estructura política del país.

---

24) el desacierto : 실패, 예상에서 벗어남
25) el aliadófilo : 연합군파
26) el germanófilo : 친독파
27) excitar a los espíritus : 마음을 자극하다
28) la Junta de Defensa : 방위(군사) 평의회, 국방 위원회

Ante la negativa, los diputados catalanes se reunieron en Barcelona en una Asamblea de parlamentarios. A ella también se unieron diputados liberales de otras regiones.

Es fácil advertir tal situación. En este momento la monarquía se veía atacada por tres fuerzas dispares[29] : la burguesía, el ejército y el proletariado. La acción conjunta de las tres fuerzas hubiera muy probablemente ocasionado una revolución profunda. Pero, en definitiva, la burguesía tuvo miedo de lanzarse a fondo. Y el ejército apoyó a la Corona. En este ámbito el movimiento obrero fue sofocado con relativa facilidad. La burguesía pactó con la monarquía creando un gobierno de concentración[30] con Cambó como ministro. Así el gobierno prometió elecciones para 1918.

De esta manera, la grave crisis de 1917 había sido superada, pero los problemas continuaban en pie.[31] Además, a partir de este momento el monarca tiene una mayor participación personal y el ejército una mayor intervención en la vida política del país.

Gobierno de Concentración, constituido en 1918, con el rey

29) dispar : 서로 다른
30) el gobierno de concentración : 연합 정부
31) en pie : 미결로, 현안으로, 서서

4.2. La Descomposición del Régimen

A partir de la crisis de 1917 el sistema canovista entró en crisis. Se constituyen gobiernos de concentración, en los que intervienen todos los partidos. Entre 1917 y 1923 se sucedieron trece gobiernos : cuatro liberales, ocho conservadores y uno de concentración. Y hubo treinta crisis parciales. Sin políticos de talla[32)] la política navegaba sin rumbo.

El fin de la guerra mundial acabó con el falso espejismo[33)] del desarrollo económico, que sólo había aprovechado a unos pocos. España volvió a tener una nueva crisis económica. El atasco[34)] del movimiento comercial originó el hundimiento de la población minera y textil e incluso de la agrícola. El paro obrero y la insuficiencia de salarios agravaron la inquietud social.

De 1918 a 1923 las regiones industriales, en particular Cataluña, fueron teatro de acontecimientos deplorables, tanto por la lucha entre patronos y obreros, como por las rivalidades entre los Sindicatos Unicos y los Libres. Las medidas tomadas por los patronos como cierre de fábricas, o por el gobierno como ley de fugas, no hicieron más que agravar la situación. La guerra social se recrudeció cada vez más. En marzo de 1921 el propio jefe del gobierno conservador Eduardo Dato fue asesinado por unos anarquistas.

Eduardo Dato*

32) de talla : 능력있는
33) el espejismo : 신기루, 환영
34) el atasco : 장애, 방해

Entierro de Eduardo Dato, 1921

El mismo año tuvo lugar el desastre de Annual en Marruecos, llegando algunos jefes militares a proponer el abandono ante la imposibilidad de dominar a los marroquíes.

El general Primo de Rivera

Frente a esta total desorganización política, social y militar, el capitán general de Cataluña, Miguel Primo de Rivera, decidió asumir la responsabilidad de un gobierno fuerte. Así el 13 de septiembre de 1923 reclamó el poder mediante un golpe de Estado. El rey y el ejército aceptaron el golpe de Estado. Esto no fue mal visto por la burguesía catalana. Los radicales e incluso los socialistas esperaban lograr, una vez restaurado el orden público, las reformas sociales y políticas.

5. La Dictadura de Primo de Rivera

La dictadura se desarrolló en dos etapas. En la primera etapa (1923-1925) la Dictadura obtiene un amplio consenso al resolver dos graves problemas : el del terrorismo, al restablecer el orden público, y el de Marruecos, al conseguir la pacificación del Protectorado marroquí. El Directorio militar[35], con carácter transitorio[36] constituido totalmente por generales, decretó la ley marcial.[37] Quedaron en suspensión las garantías constitucionales.

A partir de 1926, durante la segunda etapa, la Dictadura intentó institucionalizar el régimen. El Directorio militar es sustituido por un gobierno civil apoyado en la Unión Patriótica[38], especie de partido único. Durante la Dictadura, la coyuntura europea, en un momento de auge, favorció el desarrollo industrial en el país, destacando especialmente la construcción de carreteras y la electrificación.

Primo de Rivera en un discurso en presencia de los reyes

35) el directorio militar : 군수뇌부 회의
36) transitorio(a) : 일시적인
37) la ley marcial : 계엄령
38) la Unión Patriótica : 애국동맹

Las exposiciones internacionales celebradas en Barcelona y Sevilla en 1929 contribuyeron a dar esplendor al régimen. Pero quedaron muchas esperanzas incumplidas : enmudecido el regionalismo, suspendidas las Cortes, sustituidos los partidos políticos por las Corporaciones, suprimidas las libertades de prensa y asociación.

Carteles de la Exposición Iberoamericana celebrada en Sevilla en 1929-1930

Miguel de Unamuno

La Dictadura tuvo que luchar contra la oposición, dirigida por la intelectualidad. Unamuno fue el símbolo de esta oposición. El problema autonomista fue separando a la burguesía y al clero catalanes del apoyo a la Dictadura. Cuando el ejército dio a entender que apoyaría al Rey antes que al régimen, Alfonso XIII pudo pedir la dimisión a Primo de Rivera el 8 de enero de 1930.

6. El Fin de la Monarquía

El rey encargó al general Berenguer la formación de un gobierno. Pero el retorno al sistema constitucional de 1876 era considerado inviable[39] por gran parte del país. En agosto de 1930 los políticos socialistas, republicanos y catalanistas de izquierda se pusieron de acuerdo para una futura acción conjunta antimonárquica, en el llamado Pacto de San Sebastián. Un brillante grupo de intelectuales se muestra también adicto[40] al republicanismo. Incluso el ejército pierde su cohesión[41] monárquica. Hubo una sublevación militar en Jaca, que proclamó la república.

Dámaso Berenguer

39) inviable : 실현 불가능한
40) adicto(a) a : ~에 소속된, 가맹한
41) la cohesión : 응집력, 연결, 단합

Desbordado por la situación política, el gobierno no atiende convenientemente[42] la cuestión económica. En esta situación se advierten los primeros síntomas de la crisis mundial de 1929 con la baja de la cotización internacional de la peseta, la moneda española.

El gobierno bajo el general Aznar decidió convocar las elecciones municipales. El 12 de abril de 1931 se produce el triunfo de la coalición republicano-socialista en las grandes ciudades. En Madrid se constituye un Comité revolucionario.[43] El rey decide suspender el ejercicio del poder real y salir del país. El 14 de abril es proclamada la Segunda República Española. Y el Comité revolucionario se convirtió en gobierno provisional, presidido por Alcalá-Zamora. Su programa de actuación estaba basado en las decisiones del Pacto de San Sebastián. Por delante la Segunda República heredará todos los problemas que el sistema monárquico liberal no ha podido resolver.

7. La Economía

Durante el primer tercio del siglo XX la población experimentó un fuerte crecimiento, hasta alcanzar los 23 millones de habitantes en 1930. Gracias a la primera Guerra Mundial la economía experimentó una aparente expansión, debido a la necesidad de autoabastecerse[44] de una serie de productos industriales y a las facilidades para exportar toda clase de productos tanto a países beligerantes[45] como a naciones neutrales.

Durante la Dictadura la vida económica también experimentó un espectacular desarrollo. Se superó la crisis de la posguerra. La producción aumentó en todos los campos, sobre todo en el industrial. Se desarrolló la gran industria (siderurgia, metalurgia, química) y la banca con grandes beneficios.

42) convenientemente : 알맞게
43) el comité revolucionario : 혁명 위원회
44) autoabastecerse : 자급 자족하다, 스스로 충당하다
45) beligerante : 교전의

Billete de 100 pesetas*

Automóvil Lincoln presentado en la Exposición de Barcelona, 1929.

Pero la crisis mundial de 1929, iniciada en la Bolsa de Nueva York, repercutió en España. Sus consecuencias inmediatas serían la devaluación de la peseta, la subsiguiente repercusión de la misma sobre el comercio exterior y el descenso en los índices de la producción industrial.

8. La Sociedad

El crecimiento experimentado por la sociedad española durante el primer tercio del siglo XX ha venido a agrandar el desequilibrio social. Se ha heredado del siglo anterior y agudizado a partir de los años de la guerra europea. En la sociedad se manifiesta el peso fuerte y creciente de la población activa de los sectores industriales y de servicios. Y aún persiste[46] un sector campesino muy importante.

Durante la época de Alfonso XIII el estrato[47] social superior lo forman ya la burguesía de negocios, la burguesía industrial. Los grandes propietarios rurales numéricamente son ya menos importantes que la burguesía. En este estrato se encuentran también latifundistas, grandes industriales, funcionarios y políticos.

En las clases medias se integran grupos muy diferentes por su nivel económico y su posición social. Aquí entran medianos y pequeños propietarios, comerciantes e industriales pequeños, funcionarios y militares medios y bajos. Es interesante destacar el comportamiento socio-político de las clases medias.

En su conjunto, su actitud es ambigua. Por un lado, desean un reformismo del Estado sintiendo el atractivo[48] de la alianza con las clases trabajadoras. Por otro, temen cualquier conmoción[49] revolucionaria no burguesa.

El último estrato social, la clase obrera, tiene su núcleo más numeroso en los obreros de la industria. Las condiciones de vida de las clases trabajadoras son pésimas. En las zonas industriales la concentración de industria moderna creó las condiciones necesarias para la aparición de un proletariado moderno con una clara conciencia de clase.

Existen problemas como salarios inseguros y bajos, jornada laboral excesiva, falta de seguridad en caso de accidente, enfermedad o vejez. Los gobiernos se preocupaban cada vez más de estas cuestiones. Pero en este período sólo crearon el Instituto Nacional de Previsión.[50]

---

46) persistir : 지속하다
47) el estrato : 계층, 계급, 층
48) el atractivo : 매력
49) la conmoción : 내란, 소요
50) Instituto Nacional de Previsión : 국가 안전 복지 연구소

<Siluetas deportivas>. Asi era la moda a finales de los años 20

9. Cultura en el primer Tercio del Siglo XX

Arlequín del vaso, por Picasso

A pesar de los graves problemas interiores del país es fácil advertir un progreso constante en el desarrollo cultural. En el segundo período de la Edad de Plata[51)] se advierte la influencia de la Generación del 98 y del Modernismo. A partir del año 1920 florece el arte de vanguardia.

La cultura española manifiesta un tenaz esfuerzo de europeización[52)], de adopción de formas europeas, tanto filosóficas como estéticas, mientras en Europa se muestra un gran interés por la cultura española. El apogeo de la cultura se manifiesta especialmente en la pintura, la música y la poesía.

9.1. La Generación del 98

En la formación de la actitud espiritual de los escritores de la llamada Generación del 98 influyeron, además de la derrota de 1898, las tendencias regeneracionistas[53)] y el deseo de innovación. Un grupo de pensadores y literatos, nacidos entre 1865 y 1875, se forjaron[54)] un ideal de vida y una imagen de España bajo el influjo de un idealismo exaltado[55)] y de un agudo espíritu individualista.

Con estilos literarios muy personales y diferentes en cada uno de ellos, estos hombres presentaron por distintos medios (el ensayo, la poesía, la novela) sus

51) Edad de Plata : 은기, 은의 시대
52) la europeización : 유럽화
53) regeneracionista : 개혁주의의, 재생주의의
54) forjarse : 만들어내다, 고안하다
55) exaltado(a) : 열광적인, 열정적, 진보의

soluciones para el problema español. Entre ellos se destacan Angel Ganivet, Miguel de Unamuno, Azorín, Pío Baroja, Antonio Machado y Juan Ramón Jiménez.

Sobre todo, como guía espiritual de la generación se suele citar a Miguel de Unamuno (1864-1936). Fue rector de la universidad de Salamanca. Sus obras abarcan diversos campos, como ensayos, novelas, teatros, poesías. Toda su obra gira en torno a la personalidad humana y el ansia de inmortalidad.[56]

9.2. El Modernismo

El modernismo[57] poético introducido en España por Rubén Darío coincidió cronológicamente con el 98. Fue un movimiento de escasa duración, unos 15 años. Pero renovó profundamente la poesía española. Con su tono cosmopolita y aristocrático, el modernismo difundió el culto a la belleza, los ambientes exóticos y la expresión subjetiva del mundo.

Congreso de la Lengua Catalana (Barcelona, 1906)

56) la inmortalidad : 불멸(성)
57) el modernismo : 근대주의

La figura más destacada del modernismo fue Ramón María del Valle Inclán (1869-1936). Su prosa tiene interés decisivo con los valores musicales y pictóricos. Se adelanta[58] a su época en la visión teatral.

También en Cataluña un grupo de escritores participan del movimiento modernista. La figura catalana más importante es Joan Maragall, poeta de intenso lirismo en lengua catalana. Su actitud optimista sobre el porvenir de España queda patente en su obra llamada Cant d' Espanya.

9.3. El Vanguardismo : La Generación del 27

Hacia 1915 surgió una generación poética, que evoluciona desde el modernismo a un nuevo concepto de poesía. En Europa se produce la gran convulsión espiritual de la que surgen el dadaísmo[59] y el surrealismo.[60] El último representó una vuelta a lo humano que afectó a varios poetas como Garcia Lorca, Rafael Alberti, Luis Cernuda.

Los miembros de la Generación del 27 participan de gustos similares. Se sentían atraídos por la belleza formal de la poesía pura. Se servían, frecuentemente, como los modernistas, de metáforas.[61] Tuvieron especial aprecio por la lírica de Juan Ramón Jiménez y por la poesía de Góngora, cuyo centenario se celebraba aquel año de 1927.

10. El Arte

De un modo similar, la escultura y la pintura reciben el doble impulso del deseo de renovación y de la influencia de las nuevas corrientes europeas. Los escultores españoles buscan soluciones modernas, camino en el que sobresalen Julio González y Alberto Sánchez.

58) adelantarse a : ~에 앞서가다
59) el dadaísmo : 허무주의
60) el surrealismo : 초 현실주의
61) la metáfora : 은유, 은유법

La pintura cuenta con nombres muy destacados dentro del arte vanguardista.[62] Su centro seguía siendo París, donde sobresalió Pablo Ruiz Picasso (1881-1974), malagueño formado en el núcleo modernista de Barcelona. Después de crear el cubismo[63], se convirtió en el símbolo del arte mundial de vanguardia. Destacaron también entre las corrientes vanguardistas Juan Gris en el cubismo, y Salvador Dalí y Joan Miró en el surrealismo.

En el campo de la arquitectura algunos arquitectos empiezan a preocuparse por las tendencias racionales o funcionales que se expanden[64] por Europa. La obra más ambiciosa de la arquitectura funcional en aquellos años fue la Ciudad Universitaria de Madrid, iniciada en 1927. El edificio más característico es la Facultad de Filosofía y Letras, de Agustín Aguirre.

---

62) vanguardista : 기수주의의, 선두주의의, 전위의
63) el cubismo : 입체주의
64) expandirse por : ~로 퍼져가다

5. La Segunda República

La Segunda República nace como una romántica eclosión[1] democrática, cuando parece eclipsarse[2] el signo democrático en Europa. La ascensión del nacismo en Alemania coincide, cronológicamente, con la breve historia de la República española.

Representación de la Segunda República Española

1) la eclosión : 개화, 움틈
2) eclipsarse : 가리다

Proclamación de la II República en Vitoria*

Bajo inspiraciones socialistas en un primer momento, los planteamientos del equipo republicano no lograron las dificultades de base, ni cimentaron la paz social. La crisis económica y el paro obrero contribuyeron decisivamente a desprestigiar[3] la República en su mismo nacimiento, llevando al país a una guerra civil.

1. El Gobierno provisional

Una vez proclamada la República, el comité revolucionario se convirtió en gobierno provisional, presidido por Alcalá-Zamora. El gobierno provisional, al tiempo que convocaba elecciones a Cortes Constituyentes para el 28 de junio, intentaba atender las cuestiones de urgencia mediante una serie de decretos. Estos versaron[4], fundamentalmente, sobre cuestiones de trabajo en el campo, de la

3) desprestigiar : 명예를 실추하다, 평판이 나쁘다
4) versar : 취급하다

educación y del ejército.

Antes de celebrarse las elecciones hubo graves problemas de orden público como quema de conventos en Madrid, huelga de la Telefónica, amenazas de la derecha. Obligaron a promulgar una Ley de Defensa de la República.

Consejo de ministros del gobierno provisional de la República

En las elecciones generales hubo una participación del 65 por 100 del electorado.[5] Y dieron la mayoría de los escaños a los socialistas y los republicanos. Los partidos triunfadores pertenecían a la izquierda y al centro, mientras los de derecha no alcanzaron el centenar de escaños.

2. El Gobierno republicano-socialista de Azaña

A partir de noviembre de 1931, a través de un bienio[6] largo, la alianza social-republicana intenta desplegar un programa que apuntaba[7] a la transformación política y social del país.

Las Cortes Constituyentes votaron una Constitución, el 9 de diciembre. Como

5) el electorado : 유권자
6) el bienio : 2년 주기
7) apuntar a : ~을 향해 겨냥하다

dice el artículo primero de la Constitución, <España es una República democrática de trabajadores de toda clase, que se organiza en régimen de libertad y justicia. Los poderes de todos sus órganos emanan[8] del pueblo. La República constituye un Estado integral, compatible con la autonomía de los municipios y de las regiones>. Esta constitución fue resultado del triunfo de los republicanos de izquierda, dirigidos por Azaña, y de los socialistas. Estos dos grupos iniciaron la labor de poner en marcha la República, aunque las Cortes nombraron presidente a Alcalá-Zamora, quien confirmó[9] en la jefatura de gobierno a Manuel Azaña.

Alcalá-Zamora

Manuel Azaña

Portada de la Constitución Española de 1931*

8) emanar de : ~에서 방사하다, 발산하다
9) confirmar : 인정하다, 비준하다

Durante dos años, hasta fines de 1933, republicanos y socialistas intentaron encontrar soluciones a los principales problemas del país. Pero la cuestión religiosa agrandó la separación entre derechas e izquierdas. Los partidos en el poder se veían atacados desde la derecha porque pretendían hacer demasiadas reformas. Desde la izquierda, les acusaba de hacerlas con demasiada lentitud. Los problemas a los que se enfrentó la república de izquierdas son fundamentalmente religioso, militar, regional, social, agrario, y de enseñanza y cultura.

2.1. El Problema religioso

La cuestión religiosa era grave. Teniendo como base la separación de la Iglesia y el Estado, se promulgó la extinción en dos años del presupuesto del clero y culto y el sometimiento de las órdenes religiosas a una ley especial. A lo largo del bienio de izquierda se fueron promulgando leyes y decretos complementarios : disolución de la Compañía de Jesús y confiscación[10] de sus bienes ; matrimonio civil, divorcio y secularización[11] de cementerios ; prohibición de la enseñanza a las órdenes religiosas. El último fue un fallo de previsión[12], puesto que el Estado no contaba con aulas ni profesores ni con medios para hacerse cargo de toda la enseñanza del país.

Detención y expulsión del cardenal Segura

Todo esto significó una situación de constante oposición entre la Iglesia y la República. Se quedó bien patente con la expulsión del cardenal Segura, primado de

10) la confiscación : 압류
11) la secularización : 세속화
12) de previsión : 예견된

España, por su actitud abiertamente antirrepublicana. Nada de esto pudo acabar con la fuerza interna de la Iglesia, que intervino en el juego político a través de Acción Popular.

Durante dos años de izquierda el gobierno operó rápidamente contra la Iglesia en la sociedad. Muchos de los prohombres republicanos la consideraba como el enemigo secular del progreso español. Sin embargo la política anticlerical causará un profundo malestar en los sectores tradicionales y católicos del país.

2.2. El Problema militar

El ejército, que se había mostrado abiertamente monárquico durante la crisis de 1917, podría representar un peligro para el régimen republicano. Azaña decidió a llevar a cabo una depuración[13] pacífica del ejército y conseguir un régimen político desmilitarizado.[14] En ese momento el ejército adolecía de un exceso de oficialidad, con más de 20.000 oficiales para 100.000 hombres. La llamada <ley Azaña> ofrecía el retiro con el sueldo íntegro a todos los generales y oficiales que no quisieran prestar juramento de fidelidad[15] a la República. Casi la mitad de los posibles beneficiarios se acogieron[16] a la ley. Así se resolvió el problema del exceso de oficialidad. La República se aseguraba la lealtad del ejército.

2.3. El Problema regional

La cuestión de la diversidad nacional fue uno de los primeros problemas que tuvo que plantearse la República. En Barcelona la República había sido proclamada horas antes que en Madrid por Maciá, dirigente de la Esquerra y del <Estat Català>. Pero esta crisis fue resuelta por dos ministros catalanes del gobierno provisional.

La Constitución mencionaba la posibilidad de conceder autonomía a las regiones

---

13) la depuración : 정화, 숙청
14) desmilitarizar : 비군사화하다
15) el juramento de fidelidad : 충성선서
16) acogerse a :~을 받아들이다

que lo solicitasen. Cataluña votó casi unánimemente su Estatuto.[17] Cataluña se convertía en región autónoma y sería regida por un gobierno propio, la Generalitat. Esta fue formada por un presidente, un parlamento y un consejo ejecutivo. La Generalitat tendría facultades legislativas y ejecutivas en hacienda, economía, educación y cultura, transportes y comunicaciones. El gobierno de la República se ocuparía de las relaciones exteriores, el orden público[18] y el ejército.

En el País Vasco y Navarra también tenía mucha fuerza el movimiento autonomista. Pero estas regiones estaban preocupadas al mismo tiempo por conservar sus antiguos fueros. Otras regiones, como Aragón, Castilla la Vieja-León y Galicia, iniciaron también estudios y proyectos para conseguir autonomía, pero no llegaron a realizarse.

Billete de 50 pesetas con la efigie del rey Alfonso XIII sobre la cual se ha estampado un sello de la República Española*

2.4. El Problema social

Durante la República el paro obrero constituye uno de los elementos dominantes del panorama social. La legislación laboral alcanzó gran amplitud durante los dos primeros años de la República, siendo ministro de Trabajo el socialista Largo

17) el estatuto : 법령, 규약
18) el orden público : 공공 질서

Caballero. Aparecen leyes de jornada máxima, de contratación laboral, de jurados mixtos, de accidentes en la agricultura, regulación del derecho a la huelga.

La actitud de los grandes sindicatos, tanto UGT como CNT, frente a la cuestión social no seguía una línea única. Unos desean mantener un socialismo <académico>, con un desarrollo social pausado.[19] Y otros eran partidarios de un proceso rápido. En la práctica el socialismo sólo presentó una actitud de oposición violenta durante el bienio derechista. En cuanto al anarquismo, en general, la oposición a la República fue muy violenta, por medio de huelgas y sabotajes.

<Huelgas en España (1931 - 1935)>

Años	Num. de huelgas declaradas en el año	Num. de obreros huelguistas
1931	734	236.177
1932	681	269.104
1933	1.127	843.303
1934	594	741.878
1935	164	32.800

Fte : Tamames, Ramón <La República, La era de Franco>

2.5. El Problema agrario

Junto con la autonomía de Cataluña, la cuestión de la reforma agraria fue el otro gran problema vigente desde el primer momento de la República. El gobierno provisional promulgó durante 1931 varios decretos. Estos fueron encaminados[20] a evitar una posible insurrección en el campo y a preparar la reforma agraria. La ley establecía la expropiación con indemnización[21] de las grandes fincas. Estas no fueron cultivadas directamente por sus dueños. Luego van a ser repartidas a jornaleros y colonos.

Para llevar a cabo la distribución de las tierras se creó el Instituto de Reforma

19) pausado(a) : 더딘, 느린
20) encaminar a + inf : ~할 목표를 두다
21) la indemnización : 손해 배상

Agraria. Pero la lentitud administrativa y la obstrucción[22] de los propietarios latifundistas y de los grupos de presión contrarios a la reforma hicieron aumentar el descontento del proletariado campesino. La caída del precio de las tierras, la espera de la reforma y la agitación campesina produjeron el abandono de algunas explotaciones, con lo que el paro aumentó. Los socialistas quisieron canalizar[23] la impaciencia de los campesinos. Pero en Andalucía los anarquistas llevaron las riendas[24] en las agitaciones sociales.

2.6. Enseñanza y Cultura

En el campo de la educación, el problema básico fue el elevado índice de analfabetismo, superior al 30 por 100, y la falta de escolarización[25] de casi la mitad de la población infantil. Los proyectos iniciales de creación de aulas se vieron frenados por falta de presupuestos. En dos años se crearon más de 13.000 frente a las 35.000 que ya existían.

La República mejoró las condiciones económicas de los maestros. Y trató de dignificar su papel en la sociedad, dentro de la más pura línea regeneracionista. Hubo interesantes proyectos en el campo educacional. Contó con el antecedente de la labor de la Institución Libre de Enseñanza y la Junta de Ampliación de Estudios e importantes realizaciones en el campo cultural.

2.7. Crisis de la República de Izquierda

En el ambiente de oposición a la República, el general Sanjurjo dio el golpe de estado el 10 de agosto de 1932 en Sevilla. Con su intento Sanjurjo quiso frenar el curso político de reformas que el país parecía abocado[26] a seguir. Pero la sublevación fue fracasada. El general fue encarcelado. Como consecuencia, esto

22) la obstrucción : 방해
23) canalizar : 운하를 만들다, 흐름을 조정하다
24) llevar las riendas : 고삐를 조정하다
25) la escolarización : 학교 교육
26) abocar a + inf : 가깝게 ~하다

permitió acelerar los debates sobre la ley de reforma agraria. E hizo factible[27] el consenso final sobre el estatuto catalán. Sin embargo, a mediados de 1933, eran evidentes los síntomas de inestabilidad, a pesar de los logros de la República en sus dos años de vida. Especialmente conflictiva era la cuestión de la reforma agraria. La lentitud de reforma agraria originó algunos levantamientos de matiz anarquista, como el que tuvo lugar en Casas Viejas (Cádiz). La dura represión hizo tambalearse[28] al gobierno de Azaña, mientras los radicales comenzaban su colaboración con la CEDA. En septiembre de aquel año Azaña dimitió, a causa de la oposición parlamentaria. Y el presidente Alcalá-Zamora decidió convocar nuevas elecciones.

General Sanjurjo

Sucesos de Casas Viejas*

27) factible : 가능한
28) tambalearse : 뒤뚱이다, 비틀거리다

3. El Bienio de Derechas

Las elecciones de noviembre de 1933 dieron la mayoría al centro, representado por el Partido Radical[29] de Alejandro Lerroux, y a la derecha, encabezada por Gil-Robles (Confederación Española de Derechas Autónomas[30], CEDA). Este giro hacia la derecha se debe, a muchos factores. Pero especialmente se debe a la masa neutral del país, que quiere mostrar su disconformidad con la labor de la República. Esto también coincide con el abstencionismo de gran parte de la izquierda, especialmente de la CNT.

Puesto que el partido con mayor número de diputados en las Cortes era el radical, Alcala-Zamora entregó la jefatura del gobierno a Lerroux. Este decidió gobernar de acuerdo con la CEDA, el partido más importante de las derechas. Durante nueve meses hubo gobiernos radicales presionados parlamentariamente por la derecha.

Lerroux, empujado por la derecha, trató de corregir[31] la política anterior con algunas medidas. Por su parte, la CEDA esperaba conseguir el gobierno para llevar a cabo su programa : reforma de la Constitución y de la Ley agraria, defensa del catolicismo y limitaciones a la socialización.[32] Pero las izquierdas, sobre todo los socialistas, desconfiaban de la buena fe republicana de Gil-Robles, al que consideraban dispuesto a establecer un régimen dictatorial similar a los fascismos europeos del momento.

3.1. La Revolución de octubre de 1934

La tensión entre izquierdas y derechas estalló en los primeros días de octubre de 1934. Lerroux hizo entrar en el nuevo gobierno a tres ministros de la CEDA. Ante la ambigüedad de la CEDA ante la República, la oposición de la izquierda fue

29) el partido radical : 급진당
30) Confederación Española de Derechas Autónomas : 스페인 자치 우익 연합
31) corregir : 수정하다
32) la socialización : 사회주의화

unánime y violenta. Surgió entonces un amplio movimiento de protesta. Este movimiento revolucionario tuvo un carácter muy distinto en las diversas regiones. La UGT declaró la huelga general, que fracasó. En Cataluña, donde existía fuerte tensión entre propietarios y aparceros[33], el gobierno autónomo, presidido por Companys, proclamó el Estado catalán dentro de la República federal española. Pero el gobierno dominó rápidamente la situación.

La policìa de la Generalitat disuelve una manifestación por las calles de Barcelona durante los sucesos de octubre de 1934

En Asturia hubo un movimiento revolucionario de mayor envergadura[34] entre los mineros. A diferencia de Cataluña, el movimiento se caracterizó por la unidad revolucionaria y el armamento de los obreros. Allí se formaron órganos unitarios del movimiento constituidos por socialistas, anarco-sindicalistas y comunistas.

Los cuarteles de la fuerza pública[35] cayeron en poder de los revolucionarios. La revolución duró dos semanas, siendo al fin vencida por tropas del ejército y de la Legión de Marruecos. La represión que siguió a la Revolución de octubre fue muy dura. En España hubo unas 40.000 detenciones.

---

33) el aparcero : 소작인
34) de mayor envergadura : 대대적인
35) la fuerza pública : 경찰력, 공권력

3.2. La Crisis de la República de Derechas

El gobierno de derechas aprovechó entonces su triunfo para realizar las reformas que pretendía. El Estatuto de Cataluña fue suspendido. Y se promulgó una Ley de reforma de la reforma agraria. Era en realidad una contrarreforma. Suprimió la confiscación de las tierras de la nobleza e incluso anuló las expropiaciones ya realizadas. Al frenar así la reforma ya de por sí[36)] lenta, el gobierno se atrajo la enemistad de las masas campesinas y sindicales.

Ante la escasa solidez del gobierno radical-cedista varias personalidades del partido radical se veían envueltas en un escándalo financiero. El presidente Alcalá-Zamora decidió convocar elecciones para febrero de 1936. El electorado quedó claramente polarizado entre la derecha y la izquierda sin posiciones centristas.

4. El Triunfo del Frente Popular

A finales de 1935 se fue gestando[37)] una gran coalición de los partidos de izquierda, que culminó con la formación del Frente Popular[38)] (enero de 1936), con vistas a las próximas elecciones. El llamado Frente Popular se forma por republicanos de izquierda, socialistas, comunistas y partidos regionalistas, con apoyo de los sindicatos anarquistas, CNT y FAI. Esta coalición presenta un programa reformista, pero no revolucionario. La unión de la izquierda, la desunión de la derecha y el voto anarquista fueron los tres factores decisivos del resultado de las elecciones de febrero de 1936.

El Frente Popular triunfó en las elecciones. Según lo estipulado, el triunfo del Frente Popular debía hacer del pacto una <norma de gobierno>. La primera decisión de las Cortes fue la destitución de Alcalá-Zamora. Azaña fue nombrado presidente. Y Casares Quiroga fue designado presidente del Consejo. La

36) de por sí : 별개로, 따로따로
37) gestar : 태어나다
38) Frente Popular : 인민전선

Generalitat de Cataluña fue de nuevo investida[39] de sus facultades y se presentó un programa legislativo en las Cortes.

José Antonio Primo de Rivera

Después del triunfo electoral, el gobierno de Quiroga tuvo que enfrentarse a los problemas de orden público, a la fuerte oposición de la derecha, a las ocupaciones de tierras y al activismo socialista. Al gobierno le faltaba un programa político claro y enérgico para mantener el orden público. Los campesinos emprendieron por su cuenta la reforma agraria ocupando multitud de latifundios ante una actitud pasiva del gobierno. En muchos lugares se produjeron desórdenes antiderechistas y anticlericales con una actitud también poco eficaz del gobierno.

En esta situación Azaña esperaba una vuelta a sus cauces[40] de los principales problemas, Una vez recobrada la autonomía en Cataluña, procuraría otra concesión al País Vasco, distanciamiento de varios generales prestigiosos y progreso de la reforma agraria. Pero la desunión de la izquierda no amainaba.[41] Mientras tanto, la Falange Española, reforzada con elementos de la CEDA, se había convertido en fuerza de choque de la derecha, que se preparaba para un levantamiento militar.

4.1. Los Ultimos Días de la República en Paz

Inmediatamente después del triunfo del Frente Popular se fue perfilando[42] una conspiración de las derechas, mejor organizadas que cuando en 1932 se sublevó el general Sanjurjo.

39) investir de : ~을 부여하다
40) el cauce : 수속, 절차, 관개 수로
41) amainar : 약해지다
42) perfilar : 윤곽을 잡다

General Emilio Mola

General Queipo de Llano

Kindelán

General Franco

Yagüe

General Varela

La conspiración contra el régimen del Frente Popular fue obra, en principio, de militares. En su mayoría eran partidarios de la Unión Militar Española[43)], contraria al régimen republicano. El gobierno estaba bastante enterado de lo que se preparaba. Y casi lo deseaba para poder utilizarlo a su favor, como había utilizado la intentona[44)] de 1932.

José Calvo Sotelo*

Varios generales, como Sanjurjo, Franco, Mola, Queipo de Llano, entre otros, estaban decididos a evitar el desencadenamiento de un movimiento revolucionario popular. Mientras tanto Azaña trataba inútilmente de frenar el proceso de revolución social que preconizaban las masas de la CNT.

La época del Frente Popular no hizo sino agravar la división de las conciencias y las actitudes de abierto enfrentamiento. La tímida recuperación económica de 1935 se vino[45)] abajo ante el desorden, las huelgas, las luchas callejeras y la absoluta incapacidad del gobierno para hacerse con la situación. Hubo numerosos asesinatos políticos tanto por parte de la izquierda como de la derecha. En ese momento, el

43) Unión Militar Española : 스페인 군부 연합
44) la intentona : 무모한 시도, 미수 사건
45) venirse abajo : 실패하다, 좌절되다

hecho que precipitó[46] los acontecimientos fue el asesinato del líder nacionalista, Calvo Sotelo, por fuerzas del orden público el 13 de julio. La conmoción de la derecha llevó a la fijación inmediata de la fecha de la sublevación. Esta se venía aplazando desde mayo por falta de acuerdo en el programa político entre los grupos comprometidos. Cuatro días más tarde comenzó la guerra civil. Las dos Españas, cordialmente enfrentadas, no necesitaban más para lanzarse una contra otra.

46) precipitar : 서둘게하다

6. LA GUERRA CIVIL

El 17 de julio se inició en Melilla el <Alzamiento Nacional> que el general Mola había concebido como un golpe simultáneo en todas las comandancias militares.[1) Además de la ayuda imprescindible de la oficialidad del ejército, se había buscado la colaboración de monárquicos, tradicionalistas y falangistas. En los días sucesivos el movimiento se propagó[2) por la Península.

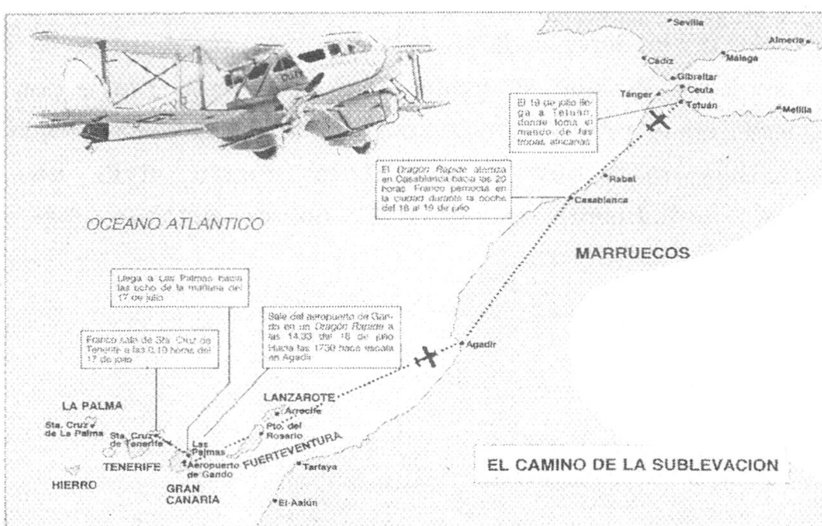

Y triunfó en Galicia, la Meseta Norte, Navarra y Aragón. Pero no en las grandes ciudades ni en los centros industriales. El general Franco tomó el mando[3) de las tropas de Marruecos y el general Mola el de los ejércitos del norte. El general Sanjurjo, que debía hacerse cargo de la dirección, murió en un accidente de aviación.

1) la comandancia militar : 군 사령부
2) propagarse : 확대되다
3) tomar el mando : 지휘하다

El hecho de que el Alzamiento no triunfase ni fracasase rotundamente provocó la escisión[4] del país en dos zonas. En el campo nacionalista, como las tropas de choque[5] no eran suficientes, hubo que movilizar y hacer oficiales a todos los jóvenes de la clase acomodada. No obstante, sin marina, sin material y sin industria, la modernización de la guerra no hubiera sido posible sin la ayuda extranjera. Por otro lado, el campo republicano disponía de masas de hombres entusiastas, de la marina y de las regiones industriales. Las masas obreras armadas <milicianos> se unieron al ejército. Pero faltaron mandos y disciplina. De todos modos, contra todas las previsiones esta guerra se alargó durante tres años.

<El avión De Havilland Dragón>

1. Desarrollo de la Guerra

El plan inicial de los nacionales era ocupar Madrid para terminar rápidamente la guerra. El grueso[6] de las tropas de Marruecos pudo ser transportado a la Península a través del Estrecho de Gibraltar, aunque la mayor parte de la marina estaba en

4) la escisión : 분열
5) las tropas de choque : 기습 부대, 공격대
6) el grueso : 주력

manos del Gobierno republicano. Desde Andalucía, las tropas de Marruecos pasaron a Extremadura y Toledo, que fue tomada a finales de septiembre.

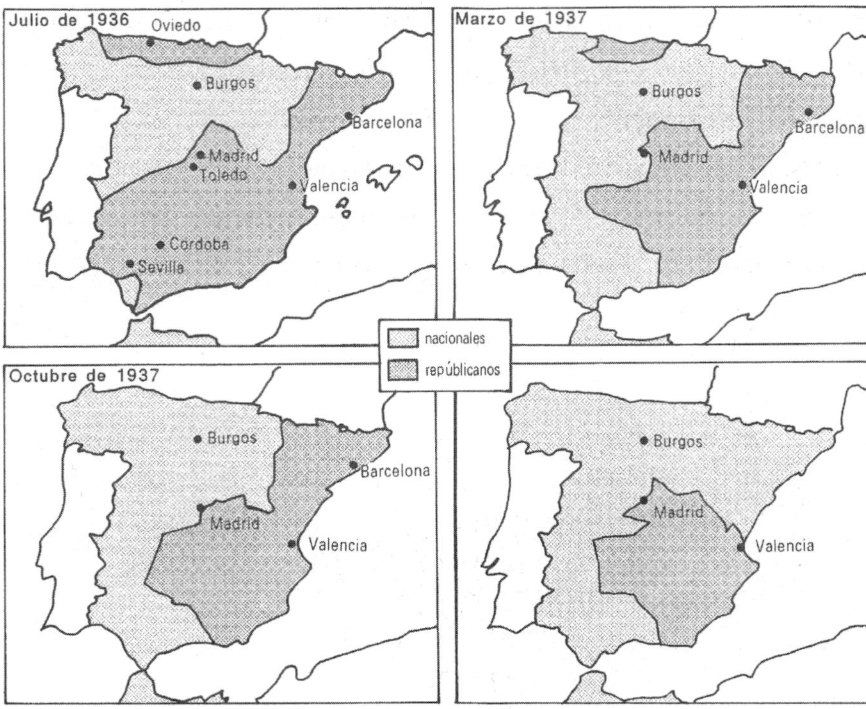

<Desarrollo de la guerra>

<Batallas por Madrid>

Tener Madrid podía significar la victoria. La ofensiva[7] nacional sobre la capital debía llevarse a cabo, simultáneamente, desde la plataforma Sur y desde la .plataforma Norte. En octubre fue organizado en Burgos el Gobierno nacional. El general Franco fue nombrado Generalísimo de los Ejércitos y Jefe del Estado.

Franco prosigue la lucha con toda decisión. El 7 de noviembre las fuerzas que avanzaban desde Toledo llegaron a las puertas de Madrid. Se preparó entonces un amplio ataque contra Madrid. La capital estaba cercada por tres lados. Pero la presencia de las Brigadas Internacionales[8] en Madrid estabilizó allí el frente.[9]

---

7) la ofensiva : 공격

<Batalla de Aragón>

De junio a octubre de 1937 fueron tomadas las ciudades industriales del Norte. En diciembre de este mismo año tuvo lugar la batalla de Teruel, una de las más duras de la guerra. Con el fin de aislar el frente de Aragón de los demás frentes nacionales, el gobierno republicano lanzó una gran ofensiva. Y arrebató[10] esta ciudad a los nacionales, pero poco después la recuperaron. Ya el frente Norte de España ha desaparecido.

Por otro lado, en abril de 1938 los nacionales lograron uno de sus principales objetivos : llegar al Mediterráneo por el País Valenciano. Dividieron el territorio de los republicanos en dos partes, haciendo más difícil su resistencia. Así Cataluña quedaba aislada del resto de la zona republicana.

<Caída de Cataluña y Fin de la Guerra>

De julio a noviembre de 1938 se extiende la batalla del Ebro, que terminó con el hundimiento del ejército republicano del este. El general Franco lanzó una ofensiva contra Cataluña, que a principios de febrero de 1939 estaba totalmente en manos de los nacionales. Los mandos republicanos hubieron de cruzar la frontera. En Madrid se forma una junta con objeto de negociar la rendición.[11]

Aunque los comunistas pretendían seguir resistiendo, el desmoronamiento del gobierno y del ejército republicano era total. El 28 de marzo Madrid fue tomada. El 1 de abril se daba[12] la guerra por terminada.

2. Condiciones de la Guerra : Repercusión internacional

La guerra dependió de condiciones a la vez militares y sociales, españolas e

8) Brigadas Internacionales : 국제여단
9) el frente : 전선
10) arrebatar : 탈환하다
11) la rendición : 항복
12) darse por ~ : ~하다, 되다, 여긴다

internacionales. Sobre todo la guerra civil de España tuvo inmediata y compleja repercusión en la tensa situación internacional de 1936. Tras diversos tanteos[13] entre las potencias europeas, el 9 de septiembre se constituyó el Comité de No-Intervención.[14] Fue encargado de velar por que no se introdujese ayuda militar a ninguno de los beligerantes. Pero su actuación fue ineficaz. No logró evitar la intervención militar en ambos bandos. De este modo la Península se convirtió en el tumor[15] donde se polarizaron los antagonismos[16] europeos. Aquella guerra fue el banco de pruebas de los métodos y armas de la inminente guerra europea.

La intervención extranjera había dominado la transformación. Italia había intervenido militarmente. Sus aviones aseguraron el paso del Estrecho al general Franco. Y formaron unidades completas bajo el mando exclusivo de sus propios generales. También la zona nacionalista recibió la ayuda militar y técnica de Alemania. Sobre todo la <Legión Cóndor> constituyó el núcleo de la fuerza aérea nacionalista.

Por otro lado, las ayudas recibidas por la República fueron bastante menores. Se limitaron a la soviética, a la muy escasa llegada desde México, y a la de carácter internacionalista que se tradujo en la creación de las Brigadas Internacionales. La URSS facilitó a la República ayuda no pagada por unos 120 millones de dólares. Pero lo más decisivo fueron sus gestiones para el envío de armas y alimentos, pagados con el oro del Banco de España, depositados en el Gosbank soviético para garantizar su seguridad. Pero de ningún modo la ayuda para el bando republicano pudo compensar[17] la masiva intervención italo-alemana.

13) el tanteo : 살핌, 감안
14) el Comité de No-Intervención : 불간섭 위원회
15) el tumor : 종기, 혹
16) el antagonismo : 적대심
17) compensar : 보상하다

3. Evolución interna de las dos Españas

El problema político de cada campo, dominado por las necesidades de guerra, el estado de los recursos y las actitudes extranjeras, fue reconstituir los poderes, conciliar las tendencias renovadoras con las viejas fórmulas.

La Guernica, por Picasso

3.1. Evolución política en la España republicana

La violencia revolucionaria y la ausencia de disciplina y mandos permitirían a los nacionales deshacer[18] a su favor, en poco tiempo, el inicial equilibrio de las zonas enfrentadas. La fragmentación[19] ideológica de las izquierdas durante la República se mantuvo e incluso se desarrolló con antagonismos violentos.

Al producirse el alzamiento José Giral se hizo cargo de la jefatura del gobierno de la República. Dos meses más tarde Largo Caballero constituyó un gobierno con miembros de distintas tendencias : socialistas, azañistas, comunistas, de Esquerra

18) deshacer : 해체하다
19) la fragmentación : 분열

catalana y de la CNT. El último representaba un aspecto nuevo de la política de las izquierdas españolas. Pues tradicionalmente los anarcosindicalistas se negaban a colaborar en las tareas del gobierno.

Carteles republicanos editados durante la guerra

Al principio de la guerra las reformas especialmente a la transformación de la guardia civil en guardia nacional[20], la incautación[21] de las industrias y las tierras abandonadas por sus dueños. El gobierno de Largo Caballero se había trasladado en noviembre de 1936 a Valencia, ante el inminente ataque nacional sobre Madrid. Las Cortes reunidas en Valencia otorgaron al País Vasco el estatuto de autonomía, aunque en la práctica apenas pudo tener aplicación. Independientemente, la CNT y la FAI iniciaron una revolución social mediante la expropiación y colectivización de industrias y tierras de cultivo.

En mayo de 1937 Largo Caballero fue sustituido por Juan Negrín, también socialista. El último gobierno republicano intentó frenar la actuación revolucionaria

20) la guardia nacional : 국립 경찰대
21) la incautación : 압수

y respetar la propiedad privada frente a las colectivizaciones. También intenta conseguir la ayuda exterior. En definitiva, a cambio de la ayuda técnica y de material bélico, el gobierno llegó a un estrecho acuerdo con la URSS. Pero, ante los reveses[22] de la guerra, el gobierno republicano se fue disolviendo al huir sus miembros al extranjero.

Juan Negrín

3.2. Evolución política en la España nacional

Al contrario de la España republicana, en la zona nacional se produjo un proceso de concentración de las fuerzas políticas bajo una única dirección. La reafirmación de la vieja estructura económica y social se tradujo en una amplia erradicación[23] de las organizaciones políticas de izquierda y especialmente de las fuerzas obreras.

La primera fase está representada por la Junta de Defensa, formada por militares y presidida por el general Cabanellas. Pero pronto se advirtió la necesidad de

22) el revés : 반격, 역전
23) la erradicación : 근절

unificar el mando político y militar para poder continuar con éxito la guerra. Esta se presentaba más larga de lo previsto. La jefatura del Estado recayó en el general Franco, que fue designado también, el 1 de octubre de 1936, generalísimo de los ejércitos de tierra, mar y aire. Poco después el nuevo Estado fue reconocido por Alemania, Italia, Portugal y el Vaticano.

<Carteles nacionalistas editados durante la guerra>

Durante una primera etapa, la guerra fue la única preocupación del Estado nacional. Pero en febrero de 1938 se constituyó un gobierno con varios miembros civiles en Burgos. Se inicia entonces la labor administrativa y legislativa del Estado nacional, tomando como base los principios ideológicos de Falange Española. Mediante el decreto de unificación se unían en un solo bloque político a falangistas, carlistas, monárquicos y cedistas, bajo el mandato del jefe del Estado.

Franco, el Generalísimo, consolida su fuerza política. Al adoptar el título de <Caudillo>[24], se pone en marcha un Nuevo Estado con un contenido social. La primera realización legislativa del Estado nacional fue el Fuero del trabajo (marzo de 1938). En la ley laboral se establecía el derecho y el deber de todos los españoles al trabajo.

En el aspecto religioso se abolieron todas las leyes anticlericales del régimen republicano, como la ley del divorcio y la del matrimonio civil. Se estructuraron las bases de la política social dentro de la doctrina de la Iglesia católica.

En abril de 1938, con la creación del Servicio Nacional de Reforma Económica y Social de la Tierra las tierras expropiadas durante la República fueron volviendo a manos de sus antiguos propietarios. La Ley de prensa establecía unos principios básicos de censura.[25]

---

24) el caudillo : 총통
25) la censura : 검열

7. La Epoca de Franco (1939-1975)

La guerra civil había dejado un terrible saldo de destrucciones materiales y de pérdidas humanas. Como consecuencias, una importante mayoría de los españoles pasó hambre hasta 1950. Frenazo en el crecimiento de la población, disminución de la <renta per cápita>, aumento de población activa trabajando en la agricultura... Estos son algunos de los elementos que caracterizaban el angustioso panorama del país en los años 40.

Franco en la tribuna presidencial del desfile de la Victoria, 1942.

1. Régimen de Franco

El sistema político español entre 1939 y 1975 deriva directamente de la guerra. La necesidad de guerra ponía en las manos del general Franco, no sólo el mando supremo del ejército sino también la plenitud del poder político, ejecutivo y legislativo como Jefe del Estado y del Gobierno. Todos los organismos de gobierno eran sólo organismos asesores[1] del Jefe del Estado. Este nombraba y cesaba a sus miembros.

El decreto de Unificación en 1937 refundió[2] a los militantes de los grupos políticos en un partido único : Falange Española Tradicionalista y de las JONS.[3] Sus miembros estaban sometidos a la autoridad única de su Jefe Nacional, Franco. Este nuevo partido tenía una ideología en la que se mezclaban elementos de la derecha más tradicional con aportaciones falangistas.

Al terminar la guerra se promulgaron una serie de leyes para exigir responsabilidades políticas a los colaboradores con el bando republicano, como Ley de Responsabilidades políticas, Ley de Represión de la Masonería y el Comunismo, y Ley sobre la Seguridad del Estado. Asímismo se restringían[4] las libertades clásicas del sistema liberal : de prensa, de reunión, de asociación...

El nuevo régimen político se apoyaba sobre una serie de fuerzas sociales claramente conservadores : el ejército, el clero, los grandes propietarios agrarios y los campesinos medios de la Meseta y de Navarra. Asimismo tenía a su lado a los miembros de la alta burguesía financiera e industrial del país.

Después de la derrota de Hitler el régimen iniciaba una serie de transformaciones que le permitieran prescindir de sus signos fascistas. A pesar de la oposición internacional el régimen empezaba a adoptar formas menos chocantes[5] dentro del modelo político de la Europa Occidental. A lo largo del régimen las relaciones exteriores y el desarrollo económico imponen unas características al régimen franquista.[6]

---

1) asesor(a) : 자문의
2) refundir : 합치다
3) las JONS : las Juntas de Ofensiva Nacional Sindicalista. 국가조합주의 운동연합
4) restringir : 제한하다
5) chocante : 충격적인
6) franquista : 프랑코주의의

2. Política Internacional

2.1. España durante la Segunda Guerra Mundial

La política internacional española durante el período 1939-52 está totalmente determinada por la Segunda Guerra Mundial y sus consecuencias. A los pocos meses de terminada la guerra civil se desencadenó la Segunda Guerra Mundial. Al año siguiente Italia entraba en la contienda[7] al lado de Alemania.

Estos hechos colocaban al gobierno español ante una situación difícil porque pronto empezaría a sentir las presiones de ambos países en busca de[8] un apoyo de fuera. De alguna manera, el régimen de Franco debería devolver la ayuda que habían prestado las potencias del Eje[9] al bando nacional durante la guerra civil.

Serrano Súñer, Franco y Mussolini en Bordighera, 1941

7) la contienda : 전쟁
8) en busca de : ~을 찾아서
9) las potencias del Eje : 주축국(독일, 이탈리아, 일본)

Hitler y Franco en Hendaya

España actuó al principio con cautela, declarando la neutralidad hasta junio de 1940. A partir de entonces el gobierno cambió su actitud con la declaración de <no beligerancia>. Pero en la entrevista entre Franco y Hitler en Hendaya, la frontera hispano-francesa, Franco promete a Hitler su entrada en la guerra con unas condiciones difíciles de cumplir.

En junio de 1941 el ataque alemán a la URSS ofreció a España la posibilidad de mostrar su apoyo a Alemania con el envío de la División Azul[10] al frente de Stalingrado. Pero el fracaso alemán tanto en Rusia como en el norte de Africa decidió a Franco a separarse de la causa del Eje, con la nueva declaración de neutralidad.

---

10) División Azul : 푸른사단

Desde este momento hasta el final de la guerra la política internacional intentó una aproximación a los países aliados, Inglaterra y EE.UU., manteniendo las relaciones amistosas con Alemania.

Los voluntarios de la División Azul, aclamados por las calles de Madrid, 25 de mayo de 1942

2.2. España después de la Guerra : Aislamiento exterior y Guerra fría

Al terminar la guerra mundial, el régimen sufre de lleno las consecuencias de la amistad entre Occidente y Rusia. No se trata sólo del aislamiento diplomático, sino de la infiltración[11] de guerrilleros comunistas o sindicalistas desde Francia. En el ámbito internacional todas las modificaciones realizadas por España entre 1943 y 1947 no cambiaron la opinión de los países occidentales sobre el régimen español.

Pero a partir del año siguiente, la política internacional de los EE.UU. favoreció la apertura de España al exterior. De alguna manera la situación producida por la <guerra fría>[12] y la guerra de Corea obligaba a aquel país a buscar aliados anticomunistas. Entre estos había que contar al régimen español.

---

11) la infiltración : 침투
12) la guerra fría : 냉전

En 1949 los EE.UU. y sus aliados crearon la Alianza Atlántica (OTAN).[13] España no entró a formar parte de esta alianza militar. Pero pronto se advirtió el interés de los EE.UU. por integrar a España en el sistema defensivo occidental. En 1953 se firmaron los Acuerdos entre EE.UU. y España. Por estos acuerdos España cedía a los americanos el derecho a instalar y crear bases militares en territorio español a cambio[14] de ayuda militar y económica.

Firma de los acuerdos hispanonorteamericanos en 1953

13) Alianza Atlántica : 북대서양 조약

14) a cambio de : ~대신에

Presidente Dwight D. Eisenhower

José Maria Castiella, Ministro español de Asuntos Exteriores

En la misma fecha España firma el concordato con el Vaticano. La Iglesia obtenía importantes privilegios mientras el gobierno conservaba el derecho de presentación que le permitía controlar el nombramiento de nuevos obispos. Después de dos años España regresa como miembros de la ONU. Posteriormente fue incluida en varias organizaciones internacionales.

3. Oposición al Régimen y Problemas políticos

El crecimiento económico y el cambio social plantean la necesidad de recoger las múltiples aspiraciones de los ciudadanos. Como reivindicaciones salariales, protestas sobre condiciones de trabajo, petición de más y mejores servicios públicos, peticiones de mayor autonomía municipal y regional...

Además, se advertía en forma creciente la intervención de las fuerzas políticas de la oposición . Aumentaba la fuerza de los grupos y partidos políticos de la oposición anteriores a 1939. Pese a su carácter de <ilegales> actúan en España, como el Partido Comunista y algunos grupos socialistas. Se crearon nuevos grupos políticos de oposición. Algunos casos adoptaron formas radicales que derivaron hacia actuaciones terroristas, como ETA.

Desde el exterior la oposición política también iniciaba una serie de presiones contra el régimen de Franco. Don Juan de Borbón presentaba la restauración de la monarquía liberal como única salida viable para España. Y los guerrilleros llamados <maquis>, que ya había luchado en Francia en la resistencia contra los alemanes, penetraron en el país a través de los Pirineos.

La respuesta de Franco ante este ataque múltiple fue dura. Una fuerte campaña interior de un nacionalismo exaltado presentó la presión del exterior como un atentado intolerable a la dignidad y a la soberanía nacional. Una movilización del ejército desplazado al norte del país inició un trabajo de limpieza de los guerrilleros.

Ante el doble desafío[15] de las reivindicaciones sociales de la gente y de la presión de la oposición política, el gobierno comenzó unas tímidas medidas de liberalización.[16] En 1948 se llegó a un acuerdo entre el conde de Barcelona, don Juan de Borbón, y el jefe del Estado español, para que el heredero de aquél, don Juan Carlos, se educase en España.

Don Juan Carlos de Borbón, el día de su designación como sucesor a la Jefatura del Estado, 22 de julio de 1969

15) el desafío : 도전

16) la liberalización : 자유화

Mientras tanto, se iba reafirmando el apoyo de muchos monárquicos al sistema político español, al amparo del acercamiento entre don Juan de Borbón y Franco. En julio de 1969 las Cortes aceptan como sucesor de Franco en la Jefatura del Estado con el título de rey, al principe Don Juan Carlos de Borbón. Era nieto del último rey de España, Alfonso XIII. Por otro lado, se aceptó el retocar[17] y modificar aspectos del sistema político. Sin embargo, el régimen político parecía decidido a no adoptar las formas políticas propias de las democracias occidentales.

El último gobierno de Franco

Pero a partir del asesinato[18] del presidente del gobierno Carrero Blanco (1973) se advierte la acentuación de la inestabilidad política. Esta fue debida a la presión de la oposición, con acciones cada vez más frecuentes de los grupos armados, como ETA y FRAP. Entonces el gobierno intenta buscar una vía de evolución del sistema político hacia fórmulas que permitieran la participación más amplia de la sociedad en la vida política.

17) retocar : 수정하다
18) el asesinato : 암살

4. Desarrollo económico

La política económica del régimen político se mueve entre : la necesidad de reconstruir el país y la imposibilidad de hallar el apoyo necesario para hacerlo. A lo largo del régimen pueden distinguirse unos períodos para analizar la actividad económica. En la primera fase, durante 1939-1950, se denomina etapa estrictamente autárquica.[19] Existe una gran intervención del Estado en la vida económica que coincide con una fase de estancamiento[20] económico. El gobierno intenta proteger la industria nacional, y controla estrictamente el escaso comercio exterior. En este período se aplica un fuerte sistema de racionamiento[21] de los principales alimentos.

En la década de los 50 el cambio de la situación diplomática acarreó un cambio de coyuntura. La normalización con el mundo exterior supuso el abandono de la autarquía y el estatismo[22] de los años iniciales del franquismo. Al facilitarse la adquisición de suministros, la expansión se hizó más rápida.

Es el período de transición que culmina con el Plan de Estabilización, caracterizado por el inicio de una cierta liberalización. Esto repercute en un impulso de la economía gracias a la ayuda americana, a las primeras entradas de turistas y a un tímido incremento del comercio exterior. Asimismo la industrialización experimentó un importante crecimiento. Pero a pesar de este desarrollo económico no tardó en manifestarse una fuerte inflación. Se desencadenan los primeros movimientos de protesta por parte de los asalariados.

19) autárquico(a) : 자립경제의
20) el estancamiento : 침체
21) el racionamiento : 배급
22) el estatismo :국가 관리주의

Presa inaugurada durante la década de los años sesenta

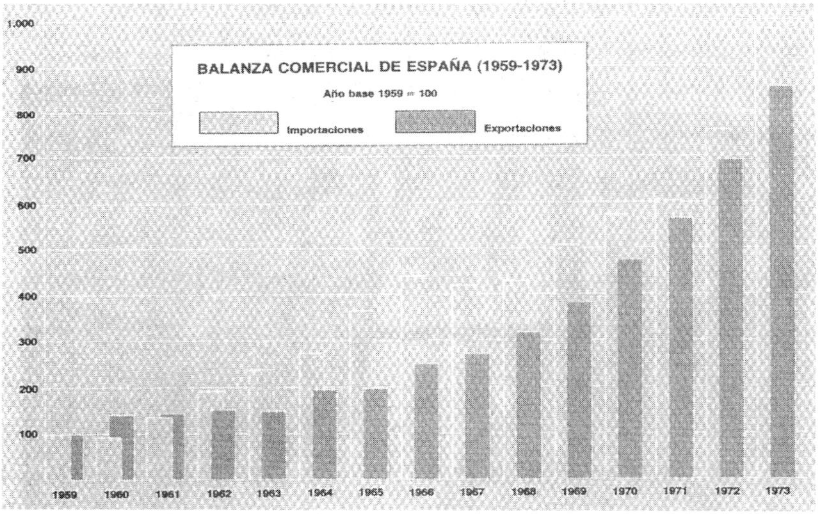

Balanza comercial de España(1959-1973)

Durante la década de los años 60 España experimentó un crecimiento próximo a los niveles máximos de Europa. Los excedentes de mano de obra fueron absorbidos por la demanda exterior. Las remesas[23] de los emigrantes y la apertura al turismo internacional, junto al ahorro interior, contribuyeron a las principales fuentes de financiación para un posible despegue de la economía, especialmente en

23) la remesa : 송금

el sector industrial. El cambio en la orientación de la política económica se plasmará en el Primer Plan de Desarrollo. Por primera vez España se situaba a los comienzos de los años setenta en el décimo lugar de las potencias industriales.

5. Cambio social

El crecimiento económico y la mayor comunicación con el mundo exterior a través del turismo y del comercio influyeron decisivamente en los cambios experimentados en la sociedad. Esta se hizo permeable[24] a los modos de vida y a las mentalidades del Occidente europeo. La urbanización de la sociedad española se venía produciendo a lo largo del siglo XX. Pero se acentuó desde 1950 y aún más desde el impulso desarrollista de 1960. Sobre todo la modernización se reflejaba en el ámbito de la convivencia social, aceptando criterios de racionalidad y secularizando[25] los modos de vida.

En conjunto se puede concluir que la sociedad española de 1970 se acercaba cada vez más a la sociedad propia de los países europeos. En la nueva sociedad industrial existe un nivel de vida más elevado y una mayor movilidad social. Pero en ella también son mayores el sentido crítico y el deseo de participación en las decisiones de la colectividad.. Sobre este soporte[26] social se iba a operar, a la muerte del generalísimo Franco, el proceso político de transición a la democracia.

24) permeable : 침투성의
25) secularizar : 세속화 하다
26) el soporte : 지지, 기반

La emigración española al extranjero en los años sesenta

Valle de los caidos*

Los marqueses de Villaverde en el funeral de Franco

6. La Cultura

José Ortega y Gasset

En los años posteriores a la guerra civil la cultura se halla fuertemente condicionada por las circunstancias históricas del momento : exilio[27] de gran número de escritores de primera fila, aislamiento del resto de Europa y rigurosa censura. Se produjo por lo tanto una brusca interrupción en la continuidad literaria. Unamuno, Valle-Inclán, Antonio Machado y Lorca habían muerto, la gran mayoría de los mejores escritores se habían ido. Poco después aparece una nueva generación de escritores jóvenes, que no conocieron ni la guerra civil ni los duros años.

27) el exilio : 추방

En el campo de la poesía, como autores y obras representativas del período se podría mencionar a Dámaso Alonso, quien en 1944 publica <Hijos de la Ira>, obra representativa de poesía sincera y auténtica. También cultivarán Gabriel Celaya con <Tranquilamente hablando de 1947>, y Blas de Otero con <Pido la Paz y la Palabra>, publicado en 1955.

Paco de Lucía

En contraposición a la poesía, el teatro tiene una amplia audiencia. Sufre directamente las consecuencias de tener que plegarse[28] a las exigencias del público. Grandes dramaturgos de la postguerra son Benavente, Miguel Mihura, Antonio Buero Vallejo, Alfonso Sastre, etc.

En cuanto a la novela, después del bache[29] en la producción en los años inmediatos a la guerra se advierte una consolidación del realismo. La gran obra de la novelística actual española, <La familia de Pascual Duarte>, de Camilo José Cela, se publica en 1942. A la misma generación de Cela pertenece Miguel Delibes y G. Torrente Ballester.

7. El Arte

Como había ocurrido en el campo literario, el exilio de arquitectos y artistas al terminar la guerra civil dejó el ambiente artístico reducido a la mayor pobreza. El nivel de destrucción urbana era elevado. La escasez de técnicos y de materiales se intentó suplir adoptando el gigantismo constructivo. Mientras tanto, la falta de artistas se trató de subsanar[30] creando un eclecticismo[31] que conjugara la

28) plegarse : 굽히다, 복종하다
29) el bache : 침체, 구덩이
30) subsanar : 시정하다, 고치다
31) el eclecticismo : 절충주의

Homenaje a Picasso (Mujer, Pájaro y Estrella, por Joan Miró)

tradición con la modernidad. Los arquitectos más discutidos son F. I Sáenz de Oiza, autor del edificio Torres Blancas en Madrid, y Ricardo Bofill, autor del conjunto Xanadú en Calpe.

Para la pintura sobresalen tres pintores coetáneos, Benjamín Palencia, Godofredo Ortega Muñoz y Rafael Zabaleta, quienes dan vida a un paisajismo como resultado de una pasiva contemplación estética.

Paralelamente a la arquitectura colosalista se desarrolla un movimiento escultórico de características similares. Entre los escultores destacan Victorio Macho, Eduardo Chillida y Jorge de Oteiza. Sobre todo el último evoluciona desde la escultura figurativa hasta la abstracción, en un proceso de búsqueda de nuevas formas de expresión.

8. Reinado de Juan Carlos I

Al morir Franco el 20 de noviembre de 1975, don Juan Carlos I le sucedió en la jefatura del Estado, a título de rey. En un ambiente de expectación y escepticismo del mundo exterior y de atonía[1] de la sociedad española, se inició el proceso de transición de un régimen autoritario y personalista a la democracia.

El rey Juan Carlos I inició su reinado dentro de los cauces marcados por el sistema político anterior. Juró fidelidad a los Principios Fundamentales del Movimiento. Formó gobierno reconfirmando en su cargo al anterior presidente, Arias Navarrro. El primer equipo de gobierno reanudó los intentos de modificación del sistema político. Pero la oposición presentó un frente unido para disolver las instituciones del régimen anterior y pedir las Cortes constituyentes.

Juan Carlos I pronuncia su primer discurso como Rey, 22 de noviembre de 1975

1) la atonía : 무력

La necesidad de una negociación entre gobierno y oposición se acentuó a partir de la formación del gobierno por Adolfo Suárez en julio de 1976. El gobierno elaboró un proyecto de Ley de Reforma Política que, por primera vez, aceptaba como punto de partida la convocatoria de Cortes constituyentes.

En cuanto a la consolidación democrática, se puso en marcha un proceso que implicaba un cierto pacto entre los diversos grupos políticos, desde los liberales hasta los comunistas. Así se inició el proceso de democratización : legalización de los partidos políticos y de su actividad, legalización de los sindicatos obreros ilegales, amnistía[2] política, ley de libertad sindical.

El rey don Juan Carlos en el día de la firma de adhesión española a la Comunidod Europea

Las elecciones generales se celebraron el 15 de junio de 1977. A nivel nacional, Unión de Centro Democrático[3] (UCD) ganó las elecciones, con un 31,1 por 100 de los votos. El Partido Socialista Obrero Español (PSOE) consiguió 28,6 por 100. El Partido Comunista de España (PCE) obtuvo 9,4 por 100. Para Alianza Popular[4], coalición de partidos de derecha era 8,5 por 100. Con estas Cortes se elaboró una

2) la amnistía : 사면
3) Unión de Centro Democrático (UCD) : 민주 중도 연합
4) Alianza Popular : 국민 연합

nueva Constitución en el verano de aquel año. Y fue aprobada en referéndum[5] el 6 de diciembre de 1978.

La normalización democrática no evitó la continuación de las acciones terroristas de ETA y en menor escala, del GRAPO. Paralelamente se detectaba[6] una situación de desasosiego en varios sectores de las Fuerzas Armadas. El 23 de febrero de 1981, un grupo de guardias civiles, dirigidos por el teniente coronel Tejero, ocuparon el Congreso de los Diputados.

Pero el rey Juan Carlos resolvió la crisis del 23-F a favor de la democracia. La decisión y serenidad del rey lograron evitar la propagación del <golpe> a otras capitanías. A partir de entonces la actitud responsable y seria de los partidos políticos, la situación europea y la voluntad integradora de la Corona, hacen que España debe caminar por delante para la plena democracia.

En octubre de 1982 el PSOE ganó las nuevas elecciones y así accedió al poder. Después el sistema democrático se consolidó y España vivió un largo período de estabilidad política alternando el poder entre la izquierda y la derecha de forma pacífica. Según el dictado de las urnas el PSOE gobernó entre 1982 y 1996 y entre 2004 y 2011; el Partido Popular, entre 1996 y 2004 y entre 2011 y 2014. Asimismo durante esos años España participó activamente en la transformación de la Comunidad Europea. Ingresó en 1986, en la Unión Europea y en el establecimiento de la moneda común, el euro.

Sin embargo, en los últimos seis años del reinado España padeció una durísima crisis económica que condujo a una crisis política. Eso también afectó a la Corona. Así, el reinado de Juan Carlos I terminó el 19 de junio de 2014, cuando abdicó en su hijo Felipe de Borbón y Grecia, con el nombre de Felipe VI.

---

5) el referéndum : 국민투표
6) detectarse : 탐지되다

Serie de imágenes de los reyes de España
(desde Carlos I hasta la actualidad)*

<Bibliografía>

- Abella, Rafael, *La vida cotidiana durante la guerra civil, la España nacional*, Barcelona, Planeta, 1973; *La vida cotidiana durante la guerra civil: la España republicana*, Barcelona, Planeta, 1976.
- Anes, Gonzalo, *El Antiguo Régimen : Los Borbones*, Historia de España Alfaguara IV, Madrid, Alianza Universidad, 1983.
- Arrarás, Manuel, *Historia de la Segunda República Española*, tomo I, Madrid, Editora Nacional, 1969; tomo II, Madrid, 1964; tomo III, Madrid, 1968; tomo IV, Madrid, 1968.
- Artola, Miguel, *La Burguesía revolucionaria, 1808-1874*, Historia de España V, Madrid, Alianza Universidad, 1983.
- Avilés Fernández, Miguel, y otros, *El Siglo XX. Los primeros Treinta Años,* Madrid, Edaf, Nueva Historia de España tomo 17, 1981; *El Siglo XX. De la Segunda República a nuestros días*, Madrid, Edaf, Nueva Historia de España tomo 18, 1985.
- Benavides, Leandro, *La política económica en la II República*, Madrid, Guadiana de Publicaciones, 1972.
- Berenguer, Dámaso, *De la Dictadura a la República*, Madrid, Tebas, 1975.
- Betrán Moya, José Luis, *Historia de las epidemias en España y sus colonias (1348-1919)*, Madrid, La Esfera de los Libros, 2006.
- Brademas, John, *Anarcosindicalismo y revolución en España (1930-1937)*, Barcelona, Ariel, 1974.
- Bruquetas de Castro, Fernando, *Historia de los burdeles en España*, Madrid, La Esfera de los Libros, 2006.
- Carr, Raymond, *Historia de España*, Barcelona, Península, 2007; *España 1808-1975*, Barcelona, Ariel, 1985.
- Cierva, Ricardo de la, *Historia básica de la España actual*, Madrid, planeta, 1974; *Franco y el franquismo, 1939-1974*, *en Historia y Vida*, número 82, enero 1975, págs.17-33.; *Historia del franquismo. Orígenes y configuración (1939-1945)*, Madrid, Planeta, 1976.
- Comellas, José Luis, *Historia de España Moderna y Contemporánea*, 17ª ed., Madrid, Rialp, 2008; *Historia de España Contemporánea*, Madrid, Ediciones Rialp, 1990.

- Encinas de Lázaro, Rufino, *Síntesis cronológica de la historia de España: resumen histórico y genealogías monárquicas*, Madrid, Síntesis, 2002.
- Equipo Redacción PAL, *Historia de España*, Bilbao, Ediciones Mensajero, 1979.
- Esdaile, lCharles, y Tusell, Javier, *Historia de España. Época Contemporánea 1808-2004*, Madrid, Crítica, 2007.
- Fernández, Alberto, *Emigración republicana española (1939-1945)*, Madrid, Zero, 1972.
- Fusi, Juan Pablo, *El movimiento socialista en España*, en Actualidad Económica, núm. 845, 25 de abril de 1974, págs. 61-81.
- García de Cortázar, Fernando, *Los mitos de la Historia de España*, Barcelona, Planeta, 2003.
- García Delgado, José Luis, *La II República Española, Bienio rectificador y Frente Popular, 1934-1936*, Madrid, Siglo XXI, 1988.
- García Escudero, José María, *Historia política de las dos Españas*, en 4 vols., Madrid, Editora Nacional, 1975.
- Hidalgo Salazar, Ramón, *La Ayuda alemana a España, 1936-39*, Madrid, San Martín, 1975.
- Hills, George, *Monarquía, República y Franquismo, 1968-1974*, Madrid, San Martín, 1975.
- Izquierdo Benito, Ricardo, y Martínez Gil, Fernando, *Religión y heterodoxias en el mundo hispánico, siglos XIV-XVIII*, Madrid, Sílex, 2011.
- López Corral, Miguel, *La Guardia Civil: claves históricas para entender a la Benemérita y a sus hombres*, Madrid, La Esfera de los Libros, 2009.
- Martínez Cuadrado, Miguel, *La Burguesía conservadora (1874-1931)*, Historia de España Alfaguara VI, Madrid, Alianza Universidad, 1981.
- Mena, José María de, *La España que se nos fue: episodios históricos a través de la pintura española*, Córdoba(Almuzara), Almuzara, 2006.
- Mínguez, Víctor, *Visiones de la monarquía hispánica*, Castelló de la Plana, Publicacions de la Universitat Jaume I, Servei de Comunicació i Publicacions, 2007.
- Moa, Pío, *Nueva historia de España: de la II Guerra Púnica al siglo XXI*, Madrid, La Esfera de los Libros, 2010.
- Montero Díaz, Julio y Roig, José Luis, *España: una historia explicada. Desde Atapuerca hasta el 11-M*, Madrid, CIE Dossat, 2005.
- Morant, Isabel, y otros, *Historia de las mujeres en España y América Latina. De la*

prehistoria a la edad media. Madrid, Cátedra. 4 vol., 2005.
- Olaizola, José Luis, *De Numancia a Trafalgar : victorias y derrotas de nuestra historia*, Madrid, Booket, 2005.
- Palacio Atard, Vicente, *La España del Siglo XIX (1808-1898)*, Madrid, Espasa-Calpe, 1981.
- Paredes, Javier, *Historia de España Contemporánea*, Madrid, Ariel, 2010.
- Pérez, Joseph, *Historia de España, Barcelona*, Crítica, 2001.
- Pérez-Bustamante, C., *Compendio de Historia de España*, Madrid, Atlas, 1967.
- Puell de la Villa, Fernando, *Historia del ejército en España*, Madrid, Alianza, 2005.
- Robinson, Richard A.H., *Los Orígenes de la España de Franco*, Barcelona, Grijalbo, 1973.
- Tamames, Ramón, *La República, La Era de Franco*, Historia de España Alfaguara VII, Madrid, Alianza Universidad, 1981.
- Tezanos, José Felix, y otros, *La Transición Democrática Española*, Madrid, Sistema, 1989.
- Tuñon de Lara, Manuel(dir), Historia de España, *Centralismo, Ilustración y Agonía del Antiguo Régimen (1715-1833)*, Tomo VII, Barcelona, Labor, 1988; *Revolución burguesa, Oligarquía y Constitucionalismo (1834-1923)*, Tomo VIII, Barcelona, Labor, 1990; *España bajo la Dictadura Franquista (1939-1975)*, Tomo X, Barcelona, Labor, 1990; *Transición y Democracia (1973-1985)*, Tomo X**, Barcelona, Labor, 1992.
- Vaca de Osma, José Antonio, *Patriotas que hicieron España: los Reyes Católicos, San Isidoro, Felipe II, Cánovas-- todos los personajes que han forjado la nación desde la Antigüedad hasta nuestros días*, Madrid, La Esfera de los Libros, 2007.

〈Internet〉

Capitulo I

1. Unbisonte de la cueva de Altamira
   https://commons.wikimedia.org/wiki/File:AltamiraBison.jpg
2. Cueva de la Pileta Benaojján, Málaga
   https://commons.wikimedia.org/wiki/File:La_Pileta_(Malaga).gif
3. Templo de Diana en Mérida
   https://commons.wikimedia.org/wiki/File:Le_Temple_de_Diane_vue_lat%C3%A9ral
   e_et_frontale.JPG

4. Detalle de la corona votiva del rey visigodo Recesvinto
https://commons.wikimedia.org/wiki/File:Tesoro_de_Guarrazar_(M.A.N._Madrid)_01.jpg
5. Detalle de la corona votiva del rey visigodo Recesvinto
https://commons.wikimedia.org/wiki/File:CoronaRecesvinto01.JPG
6. Puerta de entrada a la Mezquita de Córdoba
https://commons.wikimedia.org/w/index.php?title=Special:Search&limit=100&offset=0&profile=default&search=Puerta+de+entrada+a+la+Mezquita+de+C%C3%B3rdoba&advancedSearch-current={"namespaces":[6,12,14,100,106,0]}#/media/File:Se%C3%B1an_y_Gonzalez_-_C%C3%B3rdoba-_Puerta_de_entrada_a_la_Mezquita.jpg
7. Laberinto de Columnas y Naves de Alhaken Ⅱ. Mezquita de Córdoba
https://commons.wikimedia.org/wiki/Catedral_de_C%C3%B3rdoba#/media/File:Andalusien_2003_15.jpg
8. Techo de Mezquita de Córdoba
https://commons.wikimedia.org/wiki/File:Mezquita_de_C%C3%B3rdoba_-_Techo.jpg
9. Abderraman III
https://commons.wikimedia.org/w/index.php?search=Abderraman+III&title=Special%3ASearch&go=Go#/media/File:Abd_Al_Rahman_I.png
10. Patio de los Arrayanes
https://commons.wikimedia.org/wiki/Alhambra#/media/File:The_Myrtle_Patio_in_the_Nasrid_Palace.jpg
11. Panorama de Alhambra, Granada
https://commons.wikimedia.org/wiki/Alhambra#/media/File:Alhambra_-_Granada_-_001_-_Panorama.jpg
12. Estatua de Averroes en Córdoba
https://commons.wikimedia.org/wiki/Averroes#/media/File:BAE09705.jpg
13. Alhambra vista desde San Nicolas
https://commons.wikimedia.org/wiki/Alhambra#/media/File:Alhambra_vista_desde_San_Nicolas.jpg
14. Retrato imaginario de Don Pelayo, primer rey de Asturias
https://commons.wikimedia.org/w/index.php?search=don+pelayo%2C+Covadonga&title=Special%3ASearch&go=Go#/media/File:Don_Pelayo,_rey_de_Asturias_(Museo_del_Prado).jpg
15. Nobles y clérigos acudiendo a un Concilio de Toledo, ilustración del Codex Vigilanus

(976)
https://upload.wikimedia.org/wikipedia/commons/0/00/Vigilianus.jpg

16. Monasterio de San Juan de la Peña, Aragón
https://commons.wikimedia.org/wiki/San_Juan_de_la_Pe%C3%B1a#/media/File:San_Juan_de_la_Pe%C3%B1a.jpg
17. Jura de Santa Gadea con Alfonso VI y El Cid
https://commons.wikimedia.org/wiki/File:La_Jura_de_Santa_Gadea._Armando_Menocal._1889.JPG
18. Estatua de Alfonso I El Batallador
https://commons.wikimedia.org/w/index.php?search=Alfonso+%E2%85%A0&title=Special%3ASearch&go=Go#/media/File:Estatua_de_Alfonso_I_de_Arag%C3%B3n.jpg
19. La batalla de las Navas de Tolosa
https://commons.wikimedia.org/w/index.php?search=las+Navas+de+Tolosa&title=Special:Search&go=Ir&uselang=es#/media/File:20110729194309!Battle_of_Las_Navas_de_Tolosa.jpg
20. Puente La Reina, Navarra
https://commons.wikimedia.org/w/index.php?search=Puente+La+Reina+%28Navarra%29&title=Special%3ASearch&go=Go#/media/File:PuenteArga.jpg
21. Iglesia de San Cosme y San Damián, Burgos
https://commons.wikimedia.org/wiki/Burgos_(ciudad)#/media/File:Burgos_-_San_Cosme_y_San_Damian_01.jpg
22. Catedral de Burgos
https://commons.wikimedia.org/wiki/File:Burgos_-_Catedral_173.jpg
23. Miniatura de Las Siete Partidas (Alfonso X el Sabio)
https://commons.wikimedia.org/wiki/File:Las_Siete_Partidas.jpg
24. Libro de los Juegos, Alfonso X y su corte
https://commons.wikimedia.org/w/index.php?search=Alfonso+X&title=Special%3ASearch&go=Go#/media/File:Libro_de_los_Juegos,_Alfonso_X_y_su_corte.jpg
25. La obra representa el Pórtico de la Gloria de la catedral de Santiago de Compostela, en Galicia*
https://commons.wikimedia.org/w/index.php?search=portico++de+la+Gloria&title=Special:Search&go=Ir&uselang=es-formal#/media/File:El_P%C3%B3rtico_de_la_Gloria_de_la_Catedral_de_Santiago_de_Compostela,_1849,_Jenaro_P%C3%A9rez_Villaamil,_Palacio_de_la_Moncloa,_Madrid.JPG

26. Monasterio de Santes Creus, Tarragona
https://commons.wikimedia.org/w/index.php?search=Monasterio+de+Santes+Creus&title=Special%3ASearch&go=Go#/media/File:Puerta_principal_del_Monasterio_de_Santes_Creus.jpg
27. Cristobal Colón entre Los Reyes Catolicos
https://commons.wikimedia.org/w/index.php?title=Special:Search&search=reyes+cat%C3%B3licos&fulltext=1&profile=default#/media/File:Christopher_Colombus_and_%27los_Reyes_Catolicos%27.jpg
28. Sepulcro de Cardenal Cisneros en la Capilla de San Ildefonso de la Universidad de Alcalá
https://commons.wikimedia.org/w/index.php?title=Special:Search&limit=250&offset=0&profile=default&search=Sepulcro+del+Cardenal+Cisneros&advancedSearch-current={"namespaces":[6,12,14,100,106,0]}#/media/File:Jos%C3%A9_Mar%C3%ADa_Avrial_y_Flores_(c._1839)_sepulcro_de_Cisneros_en_la_Capilla_de_San_Ildefonso.png
29. Juana la Loca
https://commons.wikimedia.org/wiki/File:Do%C3%B1a_Juana_%22la_Loca%22_(Pradilla).jpg
30. Las dieciséis combinaciones principales, siglo XVIII, Museo Nacional del Virreinato (Tepotzotlán).
https://commons.wikimedia.org/wiki/File:Casta_painting_all.jpg
31. Fuerte de Samaipata, de antecedentes preincas y ocupado por los Incas*
https://es.wikipedia.org/wiki/Arquitectura_incaica#/media/File:El_Fuerte_Vista_del_lado.jpg
32. Juana la Loca recluida en Tordesillas
https://commons.wikimedia.org/wiki/File:Juana_la_Loca_recluida_en_Tordesillas.jpg
33. Carlos I
https://commons.wikimedia.org/wiki/Carolus_V,_Imperator_Romanus_Sacer#/media/File:Emperor_charles_v.png
34. Retrato de la Infanta Margarita de Habsburgo. Velázquez. Museo de Prado
https://commons.wikimedia.org/w/index.php?search=Retrato+de+la+Infanta+Margarita+%2C+Velazquez&title=Special:Search&go=Go#/media/File:Retrato_de_la_infanta_Margarita_(3),_by_Diego_Vel%C3%A1zquez.jpg
35. Las Meninas, Velazquez, Museo de Prado
https://commons.wikimedia.org/wiki/File:Las_Meninas_01.jpg

36. Las Hilanderas. Velázquez
https://commons.wikimedia.org/w/index.php?search=Las+Hilanderas.+Vel%C3%A1zquez&title=Special%3ASearch&go=Go#/media/File:Velazquez-las_hilanderas.jpg
37. Monumento a Velázquez en la calle homónima de Madrid
https://commons.wikimedia.org/w/index.php?search=Monumento+a+Vel%C3%A1zquez+&title=Special%3ASearch&go=Go#/media/File:Madrid_-_Calle_Vel%C3%A1zquez,_Monumento_a_Vel%C3%A1zquez.jpg

Capitulo II

1. Grabado 'Aguadores en la fuente de Cibeles, en el Paseo del Prado de Madrid
https://commons.wikimedia.org/w/index.php?search=fuente+de+Cibeles&title=Special%3ASearch&go=Go#/media/File:Aguadores_en_la_fuente_de_Cibeles_de_Madrid_-_grabado_ca._1800.jpg
2. Fachada de Palacio Real
https://commons.wikimedia.org/wiki/Palacio_Real_de_Madrid#/media/File:Madrid_-_Palacio_Real_05.jpg
3. Comedor de Gala en el palacio real de Madrid
https://commons.wikimedia.org/wiki/Palacio_Real_de_Madrid#/media/File:Comedor_de_Gala.JPG
4. La familia de Carlos IV, por Goya
https://upload.wikimedia.org/wikipedia/commons/8/89/La_familia_de_Carlos_IV%2C_Francisco_de_Goya.jpg
5. Napoleón I, emperador de los franceses
https://es.wikipedia.org/wiki/Abdicaciones_de_Bayona#/media/File:Jacques-Louis_David_-_The_Emperor_Napoleon_in_His_Study_at_the_Tuileries_-_Google_Art_Project.jpg
6. El dos de mayo de 1808 en Madrid
https://commons.wikimedia.org/w/index.php?search=Dos+de+Mayo&title=Special%3ASearch&go=Go#/media/File:El_dos_de_mayo_de_1808_en_Madrid.jpg
7. El Tres de Mayo, por Goya
https://commons.wikimedia.org/wiki/File:El_Tres_de_Mayo,_by_Francisco_de_Goya,_from_Prado_in_Google_Earth.jpg
8. El juramento de las Cortes de Cádiz en 1810
https://commons.wikimedia.org/w/index.php?search=El+juramento+de+las+Cortes+d

e+C%C3%A1diz+en+1810&title=Special%3ASearch&go=Go#/media/File:El_juramento_de_las_Cortes_de_C%C3%A1diz_en_1810.jpg

9. Fernando VII, por Goya
https://es.wikipedia.org/wiki/Abdicaciones_de_Bayona#/media/File:Francisco_Goya_-_Portrait_of_Ferdinand_VII_of_Spain_in_his_robes_of_state_(1815)_-_Prado.jpg
10. Maria Cristina de Borbón, cuarta esposa de Fernando VII
https://commons.wikimedia.org/wiki/File:Mar%C3%ADa_Cristina_de_Borb%C3%B3n-Dos_Sicilias,_reina_de_Espa%C3%B1a.jpg
11. Isabel II, todavia niña
https://upload.wikimedia.org/wikipedia/commons/3/3a/Isabel_II%2C_ni%C3%B1a.jpg
12. Gerónimo Valdés, jefe cristino del ejército del Norte
https://commons.wikimedia.org/wiki/Primera_Guerra_Carlista#/media/File:Ger%C3%B3nimo_Vald%C3%A9s.jpg
13. Tomás de Zumalacárregui, jefe del ejército carlista
https://commons.wikimedia.org/wiki/Primera_Guerra_Carlista#/media/File:Zumalac%C3%A1rregui-Magues.jpg
14. Batalla de Mendigorría. Navarra. 1835
https://commons.wikimedia.org/wiki/Primera_Guerra_Carlista#/media/File:En_Mendigorr%C3%ADa.jpg
15. Batalla de Luchana. Diciembre 1836
https://commons.wikimedia.org/wiki/File:Batalla_Luchana.jpg
16. Retrato del general español Baldomero Espartero (1793-1879)
https://commons.wikimedia.org/wiki/Baldomero_Espartero,_Prince_of_Vergara#/media/File:Baldomero_Espartero.jpg
17. Isabel II, 1845
https://commons.wikimedia.org/wiki/File:Isabel_II-Calbo-Cabrera.jpg
18. Los constructores y accionistas de la línea Barcelona-Mataró, hacia 1848
https://commons.wikimedia.org/wiki/File:ImpulsorsTrenMataro.jpg
19. Amadeo I frente al féretro del general Prim de Antonio Gisbert 1870
https://commons.wikimedia.org/wiki/File:Amadeo_I_frente_al_f%C3%A9retro_del_general_Prim_de_Antonio_Gisbert_1870.jpg
20. Entrada triunfal de Arsenio Martínez Campos en La Habana, 1878
https://commons.wikimedia.org/wiki/File:Entrada_triunfal_de_Arsenio_Mart%C3%ADnez_Campos_en_La_Habana,_1878.jpg

21. Alfonso XII
https://commons.wikimedia.org/wiki/File:Alfonso_XII_King.JPG
22. Arsenio Martinez Campos
https://commons.wikimedia.org/wiki/File:Arsenio_Martinez_Campos_cph.3c34807.jpg
23. Boda de Alfonso XII y María de las Mercedes de Orleans, 1878, en la basílica de Atocha, dibujo de Vierge para Le Monde Illustré.
https://commons.wikimedia.org/wiki/File:Le_mariage_du_roi_Alphonse_XII_et_de_la_princesse_Merc%C3%A9d%C3%A9s_dans_la_cath%C3%A9drale_d%27Atocha,_de_Vierge.jpg
24. Cánovas del Castillo
https://commons.wikimedia.org/wiki/File:Pol%C3%ADtico_C%C3%A1novas_del_Castillo.JPG
25. Práxedes Mateo Sagasta
https://es.wikipedia.org/wiki/Pr%C3%A1xedes_Mateo_Sagasta
26. Alfonso XII con su segunda esposa, María Cristina de Habsburgo-Lorena.
https://commons.wikimedia.org/wiki/File:Alfonso_XII_with_his_second_wife.jpg
27. Acorazado Maine entra en el puerto de la Habana, 1898
https://commons.wikimedia.org/wiki/File:USS_Maine_entering_Havana_harbor_HD-SN-99-01929.JPEG
28. José Martí
https://commons.wikimedia.org/wiki/File:Jose_Marti_head.jpg
29. Escenas en las calles durante la noche del 11 de febrero de 1873, en la revista Le Monde Illustré.
https://commons.wikimedia.org/wiki/File:La_R%C3%A9publique_%C3%A0_Madrid,_Sc%C3%A8nes_des_rues_dans_la_soir%C3%A9e_du_11_F%C3%A9vrier,_de_Vierge.jpg
30. Puerta del Sol (1885) tras su reforma
https://commons.wikimedia.org/wiki/File:Puerta_del_Sol_1860_2-550x406.jpg
31. Paseo por la playa (1909), Museo Sorolla.
https://commons.wikimedia.org/wiki/File:Joaquin_Sorolla_-_Paseo_a_la_orillas_del_mar.jpg
32. Santiago Ramón y Cajal, Premio Nobel de Medicina 1906
https://commons.wikimedia.org/wiki/File:Cajal-Restored.jpg
33. Antoni Gaudí (1878)
https://commons.wikimedia.org/wiki/Antoni_Gaud%C3%AD_i_Cornet#/media/File:Gaud%C3%AD_(1878).jpg

34. La Casa Milà, de Antoni Gaudí
https://upload.wikimedia.org/wikipedia/commons/9/9d/Barcelona_casa_mila_gaud%C3%AC.jpg
35. Parque Güell, Barcelona
https://commons.wikimedia.org/wiki/Parc_G%C3%BCell#/media/File:HUS_GUELL_2.jpg
36. Coronación de Alfonso XIII
https://commons.wikimedia.org/w/index.php?search=1902%2C+Alfonso+XIII&title=Special%3ASearch&go=Ir&uselang=es#/media/File:Coronaci%C3%B3n_de_Alfonso_XIII.jpg
37. Semana Trágica de Barcelona (1909)
https://commons.wikimedia.org/wiki/File:Semana_Tr%C3%A1gica_(1909).jpg
38. Eduardo Dato
https://commons.wikimedia.org/wiki/File:Eduardo_Dato,_por_Kaulak.jpg
39. Billete de 100 pesetas
https://commons.wikimedia.org/wiki/File:Billete_de_100_pesetas_del_Banco_de_Espa%C3%B1a,_1928_(Anverso).jpg
40. Proclamación de la II República en Vitoria
https://commons.wikimedia.org/w/index.php?search=proclamacion+de+II+Republica&title=Special%3ASearch&go=Go#/media/File:YAN-10x15-26_32%2BC.Yanguas_14abr1931_Proclamaci%C3%B3n_de_la_Rep%C3%BAblica.jpg
41. Portada de la Constitución Española de 1931
https://commons.wikimedia.org/wiki/File:Cubierta_constitucion1931.jpg
42. Billete de 50 pesetas con la efigie del rey Alfonso XIII sobre la cual se ha estampado un sello de la República Española
https://commons.wikimedia.org/wiki/File:Billet_de_banque_r%C3%A9publique_espagnole.JPG
43. Sucesos de Casas Viejas
https://commons.wikimedia.org/wiki/File:Casas_Viejas.jpg
44. José Calvo Sotelo
https://commons.wikimedia.org/wiki/File:Jos%C3%A9_Calvo_Sotelo,_retrato_en_Vida_Gallega_1936.jpg
45. Valle de los caidos
https://commons.wikimedia.org/w/index.php?search=El+Valle+de+los+Ca%C3%AD

dos&title=Special%3ASearch&go=Go#/media/File:Valle_de_los_caidos_by_forcy-cruz_y_basilica.jpg

46. Serie de imágenes de los reyes de España (desde Carlos I hasta la actualidad) https://commons.wikimedia.org/w/index.php?title=Special:Search&limit=250&offset=0&profile=default&search=reyes+de+espana&advancedSearch-current={"namespaces":[6,12,14,100,106,0]}#/media/File:Reyes_de_Espa%C3%B1a.PNG